〈独島・竹島〉の日韓史

保坂祐二
Hosaka Yuji

論創社

〈独島・竹島〉の日韓史

はじめに

『〈独島・竹島〉の日韓史』がこのように日本で出版される運びとなったことについて、深く感謝しております。

原題は『我が歴史 独島』でありますが、韓国では二〇〇九年七月に発行され、その後数年が経ちましたので、この日本語版『〈独島・竹島〉の日韓史』では、新たな内容を加え、より実証的に独島（竹島）の領有権問題を解説するように努めました。

日韓の間で大変ホットな問題でもあるので、著者としては客観的な視点に立って叙述することを心がけました。

筆者は、一九九八年から独島・竹島問題に関する研究を本格化してまいりました。この本の内容は、その研究成果の一部をまとめたものです。そして内容の判断は、読者の皆様に任せたいと思います。

この『〈独島・竹島〉の日韓史』では、六世紀から一九世紀中ごろまでの内容を扱っています。それ以降、現代までの内容に関しては続編において明らかにしたいと考えております。

拙著を通して、日本の皆様がより広い視野で独島・竹島問題を見直してくだされればこれに勝る幸いはありません。

二〇一六年五月一五日　ソウルにて

保坂　祐二

〈独島・竹島〉の日韓史　目次

〈独島・竹島〉の日韓史

第一章　日韓、どちらの国が先に独島を領土として認識したのか

日韓両国の内、どちらが先ず独島《ドクト》を自国の領土として認識したのかという問題は、独島の領有権を歴史的に追跡、解明する過程でとても重要である。日韓の歴史記録を確認してみると、独島が属したと言われる古代の于山《ウサン》国に関する記録が『三国史記』五一二年条に初めて登場する。

韓国の文献によると、独島が現在の独島という名前を持つようになるのは二〇世紀の初めの頃で、それまで独島は主に于山島《ウサンド》と呼ばれていた。ところで、独島が長い歴史の中で本来「于山島」という名称だったという事実に関しては、特別な経緯がある。

于山国の人々は、元々自分たちの住む鬱陵島《ウルルンド》〔韓国の東、約一三〇キロメートルに位置する韓国を代表する島の一つ。この島から八七・四キロメートルやや東南の方向に独島が位置する。〕が于山国の中心だったため、鬱陵島を于山国の于山を取って于山島と呼んでいたようである。鬱陵島という名称は、元々は本土の人々がその島を呼ぶ名称であった。このように本土の方では于山国の本島を主に鬱陵島と呼んでいたため、その島を于山島と呼ぶ島の人たちと鬱陵島と呼ぶ本土の人たちとの間に、名称の混乱が起きた。

その後、第三代朝鮮王の太宗《テジョン》（在位：一四〇一〜一四一八）が「鬱陵島民の本土送還政策」（空島政策、刷還政策）を推進し、世宗《セジョン》（在位：一四一八～一四五〇）がこの政策を完成する過程で名称の混乱が整理され、于山国の本島は鬱陵島と定まり、于山島という名称は独島の名称として定着するようになった。

1　新羅が于山国を服属させた頃の三国と日本

韓国の歴史をひも解いてみると、新羅《シルラ》時代から于山国を領有してきたと記録されている。それを証明する文献としては、『三国史記』第四巻の智證麻立干《チジュンマリプカン》一三（五一二）年夏六月条が挙げられる。そこには第二二代新羅王の智證王（在位：五〇〇～五一四）の時代に、新羅軍主の異斯夫《イサブ》が于山国を服属させた記録が載っている。

韓国に于山島（独島）を継承させるきっかけを作った智證王は、「王」という中国式称号を用いた朝鮮半島での最初の人物である。彼の姓は金だったが、諡号〔貴人の死後に贈られる名前。〕が智證だったため、逝去した後には智證王と呼ばれるようになった。智證王の前の統治者たちは、王の代わりに麻立干という称号を使っていた。麻立干とは、「最高の階級」という意味である。

智證王はまた、「新羅」という国名を確立した王でもある。彼は五〇五年に州郡制度を施行したが、当時彼がはじめて設置した州が、今日の江原道三陟《カンウォンドサムチョク》に当たる悉直州《シルジクチュ》である。そして、智證王は異斯夫を悉直州の初代軍主に任命した。その後、五一二年に現在の江原道江陵《カンヌン》に阿瑟《アス》羅州《ラジュ》が設置され、異斯夫は阿瑟羅州の軍主になった。

異斯夫が于山国を服属させたのはこの頃であった。智證王は新羅の東北方面に一二城を築いて、海洋政策にも深い関心を持っていた。そして智證王と異斯夫が一緒になって古代国家の基盤を整えていき、新羅は于山国を服属させるに至ったのである。

新羅の智證王が政権を握っていた頃、高句麗《コグリョ》と百済《ペクチェ》では各々文咨明《ムンジャミョン》王（在位：四九二～五一九）と武寧《ムリョン》王（在位：五〇一～五二三）が国を治めていた。その当時は百済と新羅が協力して高句麗と戦っていた時期だったが、智證王の時代には三国の戦争が一時的に中断された。

智證王の兄である第二一代王の炤知《ソジ》麻立干は、四七九年から五〇〇年まで国を統治したが、この時期の新羅は高句麗とよく戦争をした。四八一年には靺鞨《マルカル》族と高句麗が連合して新羅の北部に攻め入り、狐鳴《ホミョン》城をはじめとする七つの城を占領した後、新羅に進軍した。この時、炤知麻立干は百済と伽倻《カヤ》に援軍を頼み、高句麗と靺鞨を撃退した。

炤知麻立干の治世には高句麗だけでなく、倭が幾度も新羅に侵攻した。その最中の四九三年には、百済の東城《トンソン》王（在位：四七九～五〇一）が新羅に使臣を遣わして婚姻を要請したため、新羅は第一階級の伊伐飡《イボルチャン》・比智《ピジ》の娘を送って結婚同盟を結んだ。このように智證王の即位する前後に、新羅と百済は高句麗の強力な軍事力に対抗するために同盟を結んでいた。ところが、新羅と百済の同盟も高句麗の覇道的な力には敵わず、新羅は高句麗に続けて侵攻され、守勢一方になっていた。

五〇〇年に炤知麻立干が死去すると、息子のいなかった彼の後を継いで弟の智證王が王位を継承した。そしてその治世に戦争が小康状態に入ってしばらく平和が訪れると、智證王は国を新たに整備する機会を得た。これが新羅が于山国を服属させた背景であった。

それでは、智證王の執権当時、日本はどういう状況にあったのだろうか。

その頃の日本は、古代国家と称される大和王朝が形成されていく時期であった。当時、「倭」が新羅を何回か侵攻したという記録は残っているものの、その「倭」が当時の日本の中央政権だったという確証はない。新羅に侵攻した倭は、日本国内の一部勢力だった可能性もある。当時の日本はまだ統一を欠く状態であり、当時の日本の王家は様々な豪族の中の一つに過ぎなかったと言えるからである。

日本の歴史書によると、新羅智證王の時代に日本を統治した人物は、武烈《ぶれつ》天皇（在位：四九八〜五〇七）と継体《けいたい》天皇（在位：五〇七〜五三一）とされる。しかしそれは後世の記録なので、実際に日本では豪族間の争いが続いていたと思われる。ところで興味深いことに、武烈天皇と継体天皇との間には具体的な血統関係がなく、継体天皇は百済の武寧王の弟だったという説がある。

継体天皇の出身については日本でも意見がまちまちで、まだ確実なものがない。ところが、日本の和歌山県所在の隅田八幡神社に所蔵されている「人物画像鏡」という国宝の鏡の刻文には、五〇三年に斯麻（武寧王）が男弟王（継体天皇）、つまり王になった弟のために長寿を祈願しながら、その鏡を送ったと刻まれている。

もちろん日本ではいろいろな解釈上の問題点を挙げ、この解釈を否定する傾向が強いが、ここで言う斯麻が武寧王だという点だけは認めている。なぜなら韓国の武寧王の遺跡から、武寧王の名が「斯麻」であったという碑石が発見されたからである。とにかく百済は日本との関係が深かったが、当時の日本は内部的に非常に混乱していたので、鬱陵島などの地に対する海洋政策を掲げる状況にはなかった。

2　木造の獅子で于山国を服属させた異斯夫

新羅の阿瑟羅州の軍主だった異斯夫は、獅子を用いて于山国を征服した。しかし、それは生きた動物の獅子ではなかった。実際、当時東海（日本海）に孤立していた于山国を征服するために、多くの兵士を島に送ることは決して簡単なことではなかった。船が遭難する恐れもあり、島民たちが島の地形を利用してゲリラ戦で反撃して来れば、官軍が全滅する可能性もあったからである。そこで異斯夫は知恵を絞った。彼が考案した方法は、木造の獅子をたくさん作って鬱陵島の海岸に配置し、島民に脅威を与える作戦であった。

現在の感覚では、全く脅威ではなく、むしろ幼稚な作戦に見えるが、当時の于山国の民たちを威嚇するには充分だったようである。異斯夫は兵士を引率してこの作戦を実行したのだが、彼の思った通り于山国の人々は獅子たちを見て恐怖にかられた。彼らは木造の獅子を生きた獅子と思い込み、いくらゲリラ戦で対抗したとしても人間の何倍も恐ろしい獅子には勝てないと判断したのであった。そして島民は、新羅軍が獅子たちを島に放てば自分たちがすぐに全滅すると恐れた。于山国も一つの国だったが、当時の人口は非常に少なかったと思われるので、新羅が木造の獅子を利用して仕掛けた攻勢は、たいへん効果的であった。

鬱陵島の海岸に木造の獅子を置いて島民たちに脅威を与えてから、新羅軍は鬱陵島の内側に攻め込み、于山国を降伏させた。于山国に王がいたかどうか不確かだが、彼らの代表者は本土に押送されたと思われ、その時から于山国は正式に新羅に合併された。

一三（西暦五一二）年夏の盛りの六月、于山国が帰属して、毎年特産物を貢物として献上した。于山国は溟州（江原道）の真東の海上にある島であり、鬱陵島とも呼ぶ。その島は四方が一〇〇里で、元々その島に住んでいた人々は地勢の険しさに頼って服属しなかった。何瑟羅州の軍主になった伊湌異斯夫は、于山国の人々は愚鈍で気性が大変荒く、武力だけでは降伏させるのが難しいが、計略を使えば服属させることができる、と言った。それで彼は木の獅子をたくさん作って戦船に分けて積み、その国（于山国）の海岸に到着して、「お前らがもし服属しなければ、この猛獣を解き放って踏みにじってやる」と欺いて言った。これを聞くや否や、その国の人々は恐れてすぐに降伏した。

（原文：一三年 夏六月 于山国帰服 歳以土宜為貢 于山国在溟州正東海島 或名鬱陵島 地方一百里 恃嶮不服 伊湌異斯夫 為何瑟羅州軍主 謂于山人愚悍 難以威来 可以計服 乃多造木偶師子 分載戦船 抵其国海岸 桂告曰 汝若不服 則放此猛獣踏殺之 国人恐懼則降）

――『三国史記』巻四、新羅本紀四、智證麻立干一三年、六月条

（翻訳、括弧内は著者による　以下同様）

ところでこのような原文を見ると、当時の鬱陵島を于山国と呼んだことは分かるが、実際に独島に関する言及はない。そのため日本側は于山国とは鬱陵島だけを指す名称であり、于山国と独島は何ら関係はないと主張してきた。事実、この引用文だけを見ると独島に関する言及がないので、当時の新羅で独島をどのように認識していたのかについては知り得ない。

しかし当時、新羅の人々が独島を全く知らなかったとは言い切れない。なぜなら独島は鬱陵島から見える距離にあるからである。独島に関する言及がないと言っても、独島が于山国に含まれていなかったという確証にはならない。たとえば具体的な言及がなかったとしても、鬱陵島から東へ二キロメートルの距離にある竹島（竹嶼島《チュクソド》）〔鬱陵島や独島を日本側から呼んだ竹島ではなく、韓国が命名した鬱陵島から東に約二キロメートルの位置にある小島。〕が、于山国に含まれていなかったと主張する人はいない。同じように、肉眼で見える距離にある独島に関する言及がないからと言って、独島が于山国に含まれていなかったと断定することはできない。

日本側は韓国の独島領有主張の曖昧に見える部分を指摘しつつ、自国に有利な方向で批判する。しかし韓国側は新羅が于山国を服属させたという記録から、于山国には独島が当然含まれていたと信じる。鬱陵島から独島が見えるため、二つの島は密接な関係にあったと考えるからである。

それでは鬱陵島と于山島（独島）が于山国の領土だ、という具体的な記録は存在するのだろうか。あらゆる国家は主権の及ぶ範囲、つまり領土を持っている。于山国も例外ではないので、肉眼で見える距離にある独島までを統治の範囲に入れただろうと推測される。そのため韓国で後に作成された公文書には、于山国とは鬱陵島と于山島（独島）だとはっきり記録されている。一五世紀に編纂された『世宗実録』「地理志」をはじめとして、その認識は一七世紀末の日本との鬱陵島紛争が終わった後の記録にも明確に記録されている。

3　鬱陵島の住民たちは独島を往来したのだろうか

それでは、鬱陵島の人々が独島を往来したという記録はあるのだろうか。

まず日本の文献をみると、一〇〇四年に作成された古文書に鬱陵島に関する記録が初めて見られる。それは鬱陵島の人々が日本に漂着したという記録である。この記録には三国時代に鬱陵島の人々が日本に漂流し、鬱陵島を日本語で「うるま島」と呼んだという話も記録されている。

うるま島とは、鬱陵島や羽陵島《ウルンド》・芋陵島《ウルンド》という韓国の名称から派生した鬱陵島の日本式名称と思われる。このような記録は、日本の正史である『大日本史』に次のように記載されている。

寛弘元（一〇〇四）年、高麗の芋陵島の人が漂流して因幡に到着するに至った。（中略）新羅時代、うるま島の人が（漂流して）来たが、うるま島はまさに芋陵島である。

（原文：寛弘元年高麗蕃徒芋陵島人漂至因幡（中略）新羅宇流麻島人至　宇流麻島即芋陵島

也）

――『大日本史』巻二三四、列伝第五、高麗

この記録は鬱陵島の人々が日本の因幡に漂着したという記録で、因幡は現在鳥取県の東部に当たる地方である。一七世紀には鳥取藩の商人たちが、鬱陵島と独島を往来した。鳥取藩から船で隠岐を経て鬱陵島へ行く途中に独島が位置している。逆に鬱陵島から鳥取藩の因幡まで漂流した鬱陵島の人々は、独島を目撃した可能性が強い。

さらに彼らは独島を目撃したというだけではなく、独島の周辺で漁業活動をしていた時に、大風に吹かれて鳥取藩まで漂流したとも考えられる。鬱陵島で船に乗って東に向かえば、独島が海上からその姿を現わす。鬱陵島の人々は農業と漁業で生計を立てていたと推察されるので、彼らが独島を全く知らなかったとすれば、それこそ常識的な話ではなくなる。したがって鬱陵島の人々の日本への漂流記録は、鬱陵島の人々が自然に独島を認知し、鬱陵島統治下の島と認識していた有力な証拠である。そのため『太宗実録』には、倭寇が于山・武陵《ムルン》〔鬱陵島は、その他に、羽陵島、芋陵島、武陵島などとも表記された。〕に侵入したと次のように記録されている。

倭寇が于山武陵に侵入した。

（原文：倭寇于山武陵）

――『太宗実録』巻三四、太宗一七（一四一七）年八月条

ここに出ている于山・武陵は、まさに于山島（独島）と武陵島（鬱陵島）を意味している。しかも、倭寇が于山島と武陵島（鬱陵島）に侵入したと記録されていて、于山島と鬱陵島に対する朝鮮の領有権が明確にされている。

4 日韓関係史から見た三国時代以降の鬱陵島と于山島

五一二年から数百年の間、韓国の文献には于山国に対する記録はほとんど出なくなる。五一二年以降の三国時代、統一新羅時代、後三国時代に至るまで、于山国に関する記録はほとんどない。それは戦乱のために多くの文献が焼失してしまったためとも考えられる。

鬱陵島に関する記録が再び現れるのは、後三国時代の終わりに始まる高麗史からである。高麗の歴史は九一八年からなので、それ以前の五一二年から九一八年まで約四〇〇年の間、于山島と鬱陵島に関する記録はなく、『高麗史』を通して于山島と鬱陵島に再び出会うこととなる。しかし日韓関係史を通して記録に現われていない約四〇〇年間の于山島と鬱陵島の歴史を、あ

る程度は推察することができる。

日韓関係史を見ると、一五世紀までの日本は于山島（独島）と鬱陵島に対して領有権を主張できる立場にはなかった。

（1）　朝鮮半島の三国と日本

六世紀に入って朝鮮半島では、高句麗・百済・新羅が雌雄を決して争うようになったが、その過程で三国の全てが日本を必要と考えるようになった。なぜなら三国は一人でも多くの兵士が必要な状況だったため、日本と軍事同盟を結べば半島での戦いを有利に運び、政権をより安定させられると考えたからである。その日本争奪戦の始まりが、まさに百済の聖明王《ソンミョンワン》（在位：五二三〜五五四。韓国では聖王《ソンワン》と言う）が日本の欽明《きんめい》天皇（在位：五三九〜五五四）に仏教を伝えた出来事であった。

韓国ではこの事を、百済が日本に先進文化を伝えたという風に教育している。ところが当時の状況を考察してみると、この出来事は先進文化を伝えたという以上の大きな意味を持っていたことが分かる。

聖明王が日本に仏教の経典や仏像・仏画などを送ったのは、西暦五五二年だという説が有力だが、当時の百済は強国となった新羅の攻撃を受けていた。元々聖明王は高句麗に対抗するために新羅と同盟を結んで共同で高句麗に対抗していたのだが、五四〇年代に入って高句麗の内政不安に乗じ、百済は高句麗に奪われた漢江流域の奪還に一部成功する。しかし百済は辛うじて取り戻したその土地を、今度は新羅に奪われてしまう。その時、新羅は百済との同盟関係を破棄したのであった。このような状況の下で、聖明王は日本に仏教を伝えてきたのである。

その後の五五三年七月には、百済が漢江流域のほとんどを新羅に奪われてしまった。こうして百済が危機的状況に追い詰められた五五四年、日本は聖明王を救援するために百済へ援軍を送るが、これは百済としては日本に仏教を伝えた目的が達せられた結果でもあった。

その余勢を駆って、聖明王は王子の餘昌と共に兵士を動員して本格的に新羅攻撃を開始したが、王は五五四年一二月に菅山城戦闘で新羅軍に捕らえられ、殺害されてしまう。このような歴史を見れば、聖明王が日本に仏教を伝えた目的は日本からの軍事的な援助を見返りとして期待したためと考えるのが妥当であろう。

つまり百済は日本に先進文化を伝える代わりに、日本からの軍事援助を期待したのである。同じく高句麗も隋と新羅の攻撃を受けている最中に、万が一を考えて日本の軍事的援助を期待し、日本に僧侶たちを派遣した。

高句麗の僧侶たちは日本の皇室に仏教教育を施した。百済が仏教の経典や仏像、仏画などの芸術品・美術品を日本に送ったのに比べ、高句麗は日本の皇室の人々の師匠となる恵坐《ヘジャ》僧侶をはじめとした僧侶たちを送って、高等仏教を日本に伝授したのである。彼らの教育を受けた皇室の人々の中で、聖徳太子（五七四〜六二二）はよく知られた人物である。

それでは新羅も日本を必要としたのだろうか。

新羅は、六世紀半ばから七世紀にかけて三国の中で最も優勢だったため、日本には三国の中で一番最後に接近した。新羅は百済を攻略するために唐と連合したが、実はその前にまず日本との同盟を模索したと考えられる。『日本書紀』六四七年の記録に、新羅の宰相金春秋《キム・チュンチュ》（後に新羅王となる。在位：六五四〜六六一）が日本に九カ月間も留まったと書かれていることから察すると、金春秋は日本の内情を探りつつ、唐の前に先ず日本との同盟を模索したものと考えられる。

『日本書紀』には、金春秋は「人質」として日本に送られたと記されている。しかし同時に彼は、日本に到着した時にはむしろ顔色が良く、よく笑ったとも記録されている。その後金春秋は、何の制約も受けずに日本の中を自由に行動し、自分の意思で新羅に戻っている。このような記録を見ると、「人質」というのは後に作られた話で、実際には金春秋は日本の内情を探るために訪日したものと考えられる。

ところで当時の日本の王朝は、親百済路線を固く守っていた。天皇家を陰で操っていた豪族の蘇我氏は、元々朝鮮半島情勢に深く介入しないという方針だったが、金春秋の訪日する二年前の六四五年に、蘇我氏一族は王朝の人々によってほとんど全滅させられてしまった。金春秋は、このことで日本の王朝が百済に対して強い同盟意識を見せたために、新羅と日本との同盟結成は無理だと判断した模様である。その後彼は新羅に戻り、百済と日本が連合軍を組織することを念頭に置いて、唐・新羅連合軍を結成するために奔走する。そして金春秋は六四九年に唐に渡り、高句麗と百済を征伐するために唐と軍事同盟を結成することに合意した。

当時の状況からすれば、于山国を服属させた新羅の勢力が強かったため、六四五年に日本が親百済路線を強化したとは言っても、未だに鬱陵島や独島について関心を持つというような段階ではなかった。

その後、六六〇年に泗沘《サビ》城が陥落して百済が滅び、義慈王《ウィジャ》（在位：六四一～六六〇）と王世子の隆《ユン》は唐に連行された。ところが、百済の民は、百済のかつての土地で百済復興運動を起こした。この時、日本に留学していた義慈王の二男の豊《プン》（余豊璋《ヨ・プンジャン》）が百済の王位に就いて五〇〇〇人の日本の兵力とともに朝鮮半島に渡っていった。日本で天皇が親政を始めた六四五年以降、日本の王朝は親百済路線を固守しつつ半島の百済復興運動に介入するようになった。

六六三年に日本は百済復興運動を援助する日本の援軍、約二万七〇〇〇人を朝鮮半島へ送った。この頃の日本は、非常に積極的に百済を助けた。当時の日本の王朝は事実上百済系であり、豊を百済の王位に就けた日本の斎明《さいめい》天皇（女帝、在位：六五五～六六一：二度即位した。はじめに即位した時の名は皇極天皇、在位：六四二〜六四五）は、義慈王の妹だったという説まである。日本と百済が同盟することを予想し、唐・新羅連合軍を結成した金春秋のねらいは当たってい た。ところで日本の援軍と百済遊民の連合軍は結局、六六三年に白村江の戦いで唐・新羅連合軍に大敗を喫する。そしてその時から、日本の対朝鮮半島路線は大きく変化するようになった。

（2） 日本の神たちの創った日本の国土に独島は存在しない

日本は、新羅が日本本土にまで攻め入ってくる可能性に備え、朝鮮半島に近い対馬や九州北部に城を築き始めた。また王朝内での勢力構図も変化した。王朝勢力に親新羅路線が登場したのである。六七二年に王位に就いた天武《てんむ》天皇は、新羅に使臣を送りはじめ、彼の孫である聖武《しょうむ》天皇は、新羅と同じく華厳宗を日本の国教とした。そして、新羅の学僧である審祥《シムサン》を日本に招聘し、日本の僧侶たちに対して華厳宗を講義するように計らった。

百済の滅びた後、日本は初めは新羅に屈服した形で国を運営しなければならなかった。奈良の東大寺は、華厳宗の中心寺院として建立された寺である。したがって東大寺の大仏は、韓国慶州《キョンジュ》の石窟庵の大仏と兄弟となるわけである。そして当時、聖武天皇は日本全国に命令を下し、各地に東大寺の分寺である国分寺と国分尼寺を建立させた。現在、日本に国分寺という地名が多く残っているのは、その痕跡である。このように、日本が新羅の宗教まで受け入れたという事実は、新羅が一時日本の宗主国のような位置にあったということを物語っている。

それ故に、当時新羅が領有していた鬱陵島と独島を日本が自国の領土だと主張する如何なる可能性も存在していなかった。

天武天皇が編纂を命じ、彼の息子の文武《もんむ》天皇の治世に完成された日本最古の歴史書『古事記』（七一二年完成）と『日本書紀』（七二〇年完成）には、日本の神たちの創った日本国土が記されているが、その国土の範囲に北海道と鬱陵島、独島、沖縄などは含まれていない。日本が正史を編纂して自国の領土を宣布したわけだが、この正史によって結果的に日本は、鬱陵島と独島に対する新羅の主権を認めたことになる。

日本の神々が独島はもちろん、北海道も創らなかったという話は非常に興味深い。当時の日本の王朝は、日本の領土範囲を神話の形式を借りて宣言したのであった。日本人たちは当時北海道に対して主権を宣言しなかったのだが、その理由は北海道の存在自体を知らなかったからである。

日本の神々の創った土地ではないので日本の領土範囲から除いた独島を、今更日本の固有領土だと主張する行為は、根本的に大きな間違いである。

そして八世紀に日本全国を歩き回りながら、庶民の救済のために尽くした僧侶の行基《ぎょうき》は、初めての日本全図である行基図を作成したが、その地図を見れば当時の日本が自国の領土と見なした範囲が確認できる。行基は東大寺の初代大僧正として推戴されるほどの優れた百済系僧侶だったが、彼が作成した最初の日本全図にも鬱陵島と独島、北海道、沖縄などは描かれていない。

行基図は一七世紀半ばまで日本全図の基本図として活用されてきた。これは当時、日本の中央政府も一七世紀半ばまで鬱陵島は勿論、独島も自国の領土と見なしていなかったということを物語っている。行基図から独島が除かれているので、日本人たちはその理由を説明するのに四苦八苦すると言う。結局、日本は八世紀の時点ですでに鬱陵島と独島を新羅の領土として認めており、そういう状況はその後、千年以上も続くのである。

(3) 渤海《バルヘ》と日本

ところで、新羅と日本の蜜月関係は長続きしなかった。百済が滅びた時、多くの百済人は日本に避難した。そのうち約七〇〇〇人は百済の高官たちであった。日本は亡命してきた百済の官吏たちに百済での官位に相当する官職を与えた。これを見ても、日本と百済が非常に親密な関係にあったということが分かる。

彼らの中の七〇〇人くらいは日本の中央での官位を授与され、残りの者たちは日本の地方での官職を与えられた。例えば、東北地方の陸奥の国司（現在の知事に該当）になった慶福《けいふく》は義慈王から四代目の子孫であったため、百済王と呼ばれた。彼は東大寺の大仏を完成するために必要な金箔用の金を中央政府に大量に献納したことで有名である。このように当時の日本は百済系の勢力が強く、彼らの中には次第に新羅に敵対的な態度を取るようになった者も多かったと思われる。特に百済系として知られる豪族の藤原氏は、当時の日本の王家を親新羅から親百済へと戻そうと、日本の王朝と幾度も政略結婚を繰り返した。

一方、渤海が建国されると、新羅は渤海を非常に警戒するようになった。渤海は高句麗の大《テ》祚栄《ジョンヨン》が創建し、高句麗の継承国であることを自称していたからである。渤海はこのようなアイデンティティーを持っていたので、渤海との交流を始めた日本に対して新羅が良い感情を持つはずがなかった。

新羅は、日本と渤海の両国が新羅を圧迫しようとする意図があると考えた。渤海では、大祚栄の後を継いだ第二代武王（在位：七一九～七三七）が、七二七年に初めて高仁義大師以下二四名を日本に派遣し、国交樹立を求めた。その時日本は、正式な国交の樹立は拒否し、官私貿易関係だけを受け入れた。

その頃の渤海は新羅と唐を警戒していたので、日本の力を必要としていた。ところが日本は渤海との貿易関係を結ぶことには合意したが、それ以上の関係は望んでいなかった。新羅との関係が悪化するのを恐れたからである。その後、渤海と日本は貿易を介した友好関係を維持し、九一九年まで三〇回以上も使臣を派遣し合った。

ところがこのような日本と渤海の蜜月関係を見過ごすことのできなかった新羅は、日本に報復を始めた。怒りのあまり、日本人が新羅を経由して唐に行くことができないように海路を遮断してしまったのである。元々、日本人が唐に行く場合、朝鮮半島の西海岸に沿って北上するルートを利用していた。船で行くルートだが、このルートを利用すれば新羅の西海岸でいつでも休息を取ることができた。ところが新羅は唐に行く日本の船が、朝鮮半島の西海岸に寄港することを禁止してしまった。

このような措置を見ても、新羅が渤海と交流する日本に対して、非常に敵対的な感情を持ったということが見て取れる。ルートを失った日本は、唐に行くために南シナ海を直接渡ろうとしたが、九割が失敗して遭難する船が続出した。もう一つのルートは東海（日本海）を経て渤海へ、渤海を通って唐に行く道であった。この時、日本人たちは鬱陵島、独島より北側の航路を利用したため、二つの島を見る機会がほとんどなかったと推察される。

このような様々な状況によって新羅と日本との関係は急速に悪化し、結局七七九年に日本と新羅の国交は断絶してしまった。当時の日本は、親新羅路線を選んだ天武天皇の直系の血統が途絶え、六六〇年の百済復興運動に援軍を送って親百済路線を強力に推進した天智《てんじ》天皇の孫、光仁《こうにん》が七七〇年に天皇に即位するという状況にあった。また光仁の二番目の妻である高野新笠《たかののにいがさ》は、百済の武寧王から九代目の子孫であった。そして彼女が産んだ桓武《かんむ》が七八一年に光仁の後を継いで天皇に即位した。この時点で日本の王朝は、親百済系に復帰するようになる。

その頃に新羅と日本との国交は途絶えたのである。親新羅系王朝の血統が途絶え、親百済系王朝が復活したため、新羅と日本の関係は決定的に疎遠となった。しかし日本は渤海との関係は、続けて維持していた。

日本は新羅が唐へのルートを封鎖したため、遣唐使の派遣を八九四年に中断した。遣唐使が最後に唐に行った年が八三八年だったので、それ以降の日本は事実上中国の歴代王朝との関係を保つことができなくなっていたのである。その後日本は渤海との関係のみを維持していたが、九二六年に渤海が滅亡すると、日本は対外的に朝鮮半島と中国とは正式な外交関係を持たない「孤立路線」を選択するようになる。

このような日本の孤立路線は約五〇〇年間続くのだが、これは日本が朝鮮半島と中国の政治的状況に巻き込まれたくなかったという側面にもよる。その五〇〇年の間、結果的に日本独自の政治体制と文化を発展させることになった。しかし、新羅が続けて支配していた鬱陵島と独島に対して、日本は野心を抱くような状況にはなかった。

【コラム1】古代倭国の軍事力

古代倭国の軍事力に関する記録は、四一四年に建立された広開土大王碑に初めて記載される。その部分に対する日本の解釈は次のようである。

三九一年に倭は・・・を渡ってきて百済と・・・新羅を撃破して属国にした。三九九年には百済が倭と内通したため、王は百済を討伐するために平壌に向かった。その時、新羅の使者が来て「多くの倭人が新羅に侵入し、王を倭の臣下としたので、高句麗の王がお助けください」と要請したので、大王は救援することにした。（大王は）四〇〇年に五万の大軍を派遣して新羅を救援した。新羅の王都に大勢（陣を張って）いた倭軍が退却したため、彼らを追撃しながら伽倻に接近した。ところでその隙に乗じ、安羅国などが新羅の王都を占領した。四〇四年、倭が帯方地方（黄海道）に侵入したため、これを攻めて撃破した。（「・・・」は読めない部分）

――井上秀雄『古代朝鮮』二〇〇四年

これは、日本の学者の解釈としてはかなり客観的である。しかし韓国は、倭が百済と新羅を属国にした、などの解釈に対しては日本が捏造したものと考え、徹底的にその解釈を拒否している。一八八〇年代に中国で広開土大王碑を発見したのは日本軍の諜報員だったため、日本軍が碑文を捏造したという主張が一九七〇年代に提起されたりもした。

ここに掲げた解釈によれば、高句麗軍に追撃された倭軍が伽倻に逃げ、伽倻の安羅国が倭を助けて新羅の王都を占領したことになっている。つまり倭と安羅国がまるで同盟国のように動いていたことが読み取れる。

ところで倭を助けた安羅国は、当時日本に鉄を輸出しており、日本にとっては非常に重要な国であった。四~五世紀にかけて安羅国から日本に渡った豪族の東漢氏は安羅国の王族であった。その後、安羅国は百済に合併されたのだが、六世紀半ばに百済の聖明王から仏教を伝えられた日本の欽明天皇は、この安羅国の王族出身であるという説がある。

日本が主張してきた任那日本府説は、伽倻全体が日本の植民地だったという仮説である。日本は、一九三〇年代に昔の伽倻地方を大々的に発掘して任那日本府説を立証しようとしたが、何の遺跡も見つからずに発掘は失敗に終わった。現在、日本の歴史学者のほとんどは、任那日本府とは安羅国に設置されて、安羅国の王侯貴族たちが主導権を握る日本との協議体だったと見ている。したがって任那日本府とは伽倻地方全体ではなく、安羅国にあった日本との一協議体にすぎない。

それでは、広開土大王碑に描かれている倭の正体を検証するため、『三国史記』を見てみよう。四〇〇年前後の倭について検討するために『三国史記』の「高句麗本記」を検討しても倭に関する記録はない。高句麗は広開土大王碑に倭に対する記録を残しただけで満足したのだろうか。ところが、「百済本記」と「新羅本記」には倭に関する記録が非常に多く記録されている。

「百済本記」には、三九七年に百済王が倭と友好関係を結んだと記録されている。この記録は広開土大王碑に記録されている内容、つまり「三九九年に百済が倭と内通したため、王は百済を討伐するために平壌に向かった」という記録と相通じる。

また「新羅本記」には、倭人が兵船を率いて新羅に侵入したという記録が数多く記されている。最初の記録は西暦一四年で、その後三世紀まで七三年、一二一年、二三二年、二四九年、二八七年、二九二年、二九四年などに倭が新羅に侵攻したという記録がある。そのためか、二九五年に新羅の王は「百済と共に海を渡り、倭を討ちたい」と側近たちに語っている。ところが側近たちは新羅が海戦に慣れておらず、また百済を信じることはできないとして反対したため、王は日本への遠征を断念した。

その後、四世紀には三四六年、三六四年、三九三年に、五世紀には四〇五年、四〇七年をはじめとして一三回にわたって倭が新羅に侵攻したという記録がある。三九三年に倭は、新羅の金城を五日間包囲し、四〇五年に倭は明活城に侵攻した。

このような記録は、広開土大王碑に出ている句節の「その時（三九九年）新羅の使者が来て、多くの倭人が新羅に侵入し、王を倭の臣下としたため、高句麗王に救援を要請したので、大王は新羅を助けることにした。四〇〇年に五万の大軍を派遣して新羅を救援した」という内容と通じる部分である。

しかしこのように倭が新羅に何度も侵攻したことが事実だったとしても、侵攻は完全には成功しなかったようである。「新羅本記」の様々な記録を見ると、「倭軍は大敗して逃走した」「倭軍は勝てずに立ち去った」「倭軍が侵入したが、何の成果もなしに帰った」などと倭が侵攻に失敗したという記録が多く、成功したという記録は全くないからである。結局、倭は新羅を攻撃したが、一度も征服することはできなかったというのが歴史的な事実であるようだ。

また四〜五世紀の日本の政治的な状況を立証する資料が残っていないため、当時は謎の時代と呼ばれている。当時、日本では巨大な古墳がたくさん作られて権力者たちがそこに埋葬されたが、日本の代表的な歴史書である『古事記』と『日本書紀』には古墳に関する記録がほとんど記録されていないので、四〜五世紀に建設された巨大古墳の被葬者が一体誰だったのかよく分からない。そして彼らの血統が天皇家に繋がったとも考えられない。

当時の日本は、豪族たちが覇権を争う時代だった可能性が高い。そのため朝鮮半島に侵入した倭が、日本を代表する政権だったとも断定できない。広開土大王碑や『三国史記』に記録されている倭は、日本内の様々な勢力の一つであり、それらが伽倻の安羅国と連合していた可能性もある。しかしそれらの勢力が、後に欽明王朝に繋がったという証拠はない。なぜなら日本の各勢力のすべては、鉄の供給地である安羅国を必要としたため、別々に安羅国との関係を維持することもできたからである。

結局、広開土大王碑と『三国史記』に登場する倭は、日本内の様々な勢力の中の一つであり、安羅国と軍事同盟を結んで安羅国を救援するために動員されたと見るべきである。四〜五世紀の日本は政治的に様々な勢力が覇権を争う混乱期であり、軍事的には鉄で作った武器を使い始め、兵船を建造して朝鮮半島まで渡るほどの軍事力を保有していた。ところが新羅との戦闘では、幾度も侵攻したものの勝てずに敗走したのである。これが歴史の提示する真実である。

第二章　高麗・朝鮮時代の鬱陵島と独島

三国時代に遡って考えると、新羅は于山国を服属させ、当時の日本は于山国に対する新羅の統治権を認めていた。それでは新羅の滅亡した一〇世紀以降、于山国に対する統治権はどのようになったのだろうか。

九三五年、新羅の最後の王である敬順王《キョンスン》（在位：九二七〜九三五）が新羅を高麗の太祖王建《ワンゴン》に捧げて、高麗が新羅の正統性を引き継ぐこととなった。この過程で旧于山国民は高麗の支配下に入り、高麗の滅びた後は朝鮮の統治を受けるようになった。ところで朝鮮時代には鬱陵島民を全員本土に連れてくるという政策が実行された。

この過程で鬱陵島と独島の名称に相当な混乱が起こった。鬱陵島と独島を于山国と言いながらも、武陵島や于陵島という名称がほかに登場して混乱を増加させたこともある。

現在、韓国の学界では于山島が独島の古来からの名称だったと強調しているが、前述した通り、朝鮮時代に入って鬱陵島の住民たちは鬱陵島を于山島と呼び、本土の人々は鬱陵島を主に武陵島と呼んでいた。

そして鬱陵島民を本土に連れてくる刷還政策を何回か実行する過程で、本土の人々は鬱陵島が武陵島で于山島が独島だと認識するようになった。結局、父太宗の刷還政策を引き継いだ世宗大王の治世では、于山国とは武陵島と于山島（独島）であり、この二つの島を合わせて鬱陵島〔当時の一五世紀の『王朝実録』を読むと、于山国とは鬱陵島であり、于山国すなわち鬱陵島には武陵島と于山島が属している、という認識となっている。〕とも呼ぶ、というふうに結論が出る。

于山国の人々は肉眼で見える距離にある独島を認識しただろうが、本土の人々が二つの島を正確に区別して認識するまでには時間がかかったのである。

1　高麗時代の鬱陵島と于山島

（1）新羅から高麗に移譲された鬱陵島と独島の統治権

三国時代以降、韓国史に鬱陵島と独島に関する記録が再び登場するのは、前述したように高麗時代の記録である。すなわち、新羅が滅亡する直前の九三〇年に于山国の人々が高麗を訪れ礼を尽くしたという。そのころ朝鮮半島では後三国時代が始まっていた。太祖王建（在位：九一八～九四三）は、九一八年に高麗を創建した。于山国の人々が高麗に来た九三〇年には、まだ後三国時代が完全に終わってはいなかったが、九二九年に高麗は宿敵後百済を高敞で大破し、事実上朝鮮半島を再統一する基盤を整えた。それでその時まで新羅の統治を受けていた于山国の人々も朝鮮半島の新しい主人となる高麗に挨拶をしに来たようである。その時が九三〇年であった。

高麗は後百済と違って新羅に友好的であった。そのため、新羅の最後の王である敬順王は九三五年に高麗に自ら降伏し、一〇〇〇年近く続いた新羅王朝は幕を閉じた。九三〇年に于山国の人々が高麗の王建に謁見したというのは、間もなく高麗が朝鮮半島を統一するだろうと考えたからである。

このような過程を通じて、于山国に対する統治権が新羅から高麗に平和的に移譲された。于山国には独島が含まれるため、結局独島に対する統治権も高麗に移譲されたわけである。

九三〇年には于山国が于陵道《ウルンド》と呼ばれたようである。『高麗史』の原文には于山国が于陵道と記録されている。島ではなく「道」とされているのは、于山国自体がすでに新羅の一地方とされていたからと思われる。于陵道が二人の使臣を送ってきて土産物を捧げたため、高麗の太祖王建はその二人に官職を下賜したと記されている。


于陵道から白吉と土豆を送って土産物を捧げたので、白吉を正位に、土豆を正朝とした。（原文：芋陵道 遣白吉土豆 貢方物 拜白吉為正位 土豆為正朝）

——『高麗史』巻一、世家一

一方日本は、渤海が九二六年に滅びた後、中国や朝鮮半島と正式な国交を結ばなかった。その後の日本は一四〇三年までの約五〇〇年間、孤立路線を固守した。高麗が鬱陵島と独島を統治する間、日本は対外的にその二つの島に対して全く関心を持っていなかった。そしてその約五〇〇年の間に、日本と朝鮮半島は相当違う国家形態を持つようになる。

日本では天皇中心の王朝時代が終わり、一一九二年に武士政権である鎌倉幕府が誕生した。しかし京都には天皇中心の朝廷が残っていたため、日本はしばらく朝廷と幕府の二重支配構造になった。朝廷と幕府はしばしば勢力争いをしたが、幕府が次第に支配を広め、日本の支配構造は幕府中心へと移っていった。

それでは鎌倉幕府と外国との関係はどうだったのだろうか。

実際には幕府というよりは日本の朝廷が対外関係に関心を持っていなかった。朝廷貴族たちは、農民たちの捧げる租税で贅沢な生活がいくらでも可能だったため、戦争に巻き込まれる恐れのある中国や朝鮮半島と関係を結ぶこと自体を望んでいなかった。一方鎌倉幕府は、朝廷から日本統治権を奪って日本全体を幕府中心の統治構造に変えるという大仕事のため奔走していた。そのため、幕府には対外関係を重視する余力はなかった。また当時、中国大陸や朝鮮半島の情勢が非常に複雑だったので、幕府も中国大陸や朝鮮半島の状況に巻き込まれたくはなかったようである。

（2）女真族が于山国に侵入する

それでは、高麗と日本の関係は完全に途絶えていたのかというと、そうではなかった。実は、高麗は日本に何回か使臣を送って国交正常化を打診した。しかし孤立路線を固守しようとした日本はこれに応じなかった。

一〇一八年、女真族《ヨジン》が高麗と于山国に侵入したという記録が残っている。この時女真族は日本にも侵入して人々を拉致した。ところで高麗は女真族が再び侵入すると、彼らを撃退して拉致された日本人の多くを救出し、日本に送還した。高麗は日本人を助けたことをきっかけに再び国交正常化を要請したが、日本はまたしてもそれを断った。

一〇一八年は日本ではまだ武家政権が成立する前だったため、日本は王朝の支配下にあった。その頃の日本は、唐と朝鮮半島から受容した文化を模倣する時期を経て、日本独自の文化を形成していく段階にあった。王族と貴族は豪華な屋敷（寝殿建築）に住み、和歌を詠んだり邸宅の庭に作った大きな池で舟遊びをしたり、広場で蹴鞠などをしながら過ごしていた。現在の日本人が年中行事を楽しむ伝統は、この時代（平安時代）に主に確立されたのである。

一方、当時の豪族たちは荘園制度を確立しながら、自分たちの確保した荘園を守るために武装集団を雇用しはじめた。その過程で紛争を武力で解決しようとする雰囲気が生まれ、結果的に豪族たちは荘園の統治に没頭した。そのため彼らには海外に目を向ける余裕などはなかった。それゆえ鬱陵島と独島については、やはり高麗がその統治権を完璧に行使していた。

当時、女真族の于山国への侵入は、次のように記録されている。

于山国が東北女真の侵入を受けて農業が廃されたので、李元亀を送って農機具を賜った。（原文：以于山国 被東北女眞所寇 廃農業 遣李元亀 賜農器）

——『高麗史』巻四、世家四、憲宗九（一〇一八）年一一月条

この記録は女真族が于山国、つまり鬱陵島と独島に侵入したために農業ができなくなった鬱陵島民のために、高麗が李元亀という官吏を送って農機具を賜ったという記録である。このような記録は、高麗が鬱陵島などを確実に統治していたという証拠である。

女真族はこの頃日本にも侵入した。一〇一九年三月、女真族は高麗に侵入した余勢を駆って約五〇隻の船団と約三〇〇〇人の兵士を動員し、対馬と壱岐を襲った。女真族は殺人と放火を繰り返し、多くの日本人を拉致した。続いて四月には北九州を襲ったが、日本軍の反撃によって朝鮮半島に逃げ帰った。

当時、女真族が拉致した日本人は一二九〇人にのぼったと言う。女真族は農作ができなかったので、農耕民族を拉致して農作をさせるというやり方で食糧を確保していた。それで高麗人

の拉致に失敗した女真族は、日本の農民を多数拉致したのである。女真族の侵入は、日本にとっても惨たらしい事件となった。

　ところで前述したように、同年の九月に高麗は女真族に拉致された日本人たち約二七〇人を救出して日本に送還した。この時、高麗王は国交樹立を要請する親書を再び日本の朝廷に送った。しかし日本は高麗の要求を断り、孤立路線を変更する様子も見せなかった。

（3）元の日本遠征と鬱陵島

　その後高麗は、女真族に拉致されたが逃げ出してきた于山国の人々を一〇一九年に于山国へ送還しようとした。ところがさまざまな事情で彼らは三年経っても島に帰れず、高麗は一〇二二年に彼らを禮州《イェジュ》〔現在北朝鮮の咸鏡南道定平郡禾洞里の一帯にあった豫原郡の高麗時代の地名。〕に居住するように措置した。

　この二つの記録には、鬱陵島や于陵島という名前は出てこないが、于山国という言葉は何度も出てくる。そしてその一〇年後の一〇三二年には、「羽陵城主」が息子を送って高麗王徳宗に土産物を捧げた、という記録がある。しかしその後には『高麗史』から于山国という名称が無くなり、于陵、武陵などの名称が登場するようになる。高麗では鬱陵島と独島などの地を習慣のように于山国という国名で呼ぶ時期があったが、高麗後期には于山国という名称を使わなくなり、『高麗史』「地理志」では武陵島と于山島という名称で、鬱陵島と独島を区別している。

このような記録により、高麗人たちの認識は一一世紀半ばまでは欝陵島と独島を于山国と呼び、高麗の付属国として見ていたが、その後、国と言う名称が取れて島という概念に変わったのである。

ところで一三世紀になって、高麗は蒙古の干渉を強く受けるようになった。そして蒙古は元と国名を変えて日本遠征を計画したため、高麗と日本には正式な国交はなかったにもかかわらず、戦争によって関係が生じるようになった。

元は高麗を屈服させた後に日本をも支配しようと遠征を計画し、高麗人に船の建造を命令した。

元はもともと騎馬民族だったので、海戦の経験がなかった。しかし高麗には水軍があり、海戦に対するノウハウがあった。そのため元は高麗に、日本遠征に必要なすべての船の建造を任せたのである。この時、元が船の建造用木材として注目したのが欝陵島の木材であった。欝陵島の木材は良質なものが多いので船を建造するのに適切だ、という高麗人の建議によるものであった。

それでは日本を襲った元寇の船は、実際に欝陵島の木材で作られたのだろうか。元は第一次日本遠征を一二七四年一一月に断行したが、それより一年九カ月ほど前の一二七三年二月に当時の高麗王の元宗が家臣の許珙を鬱陵島の斫木《チョクモク》使〔鬱陵島の木材を本土に送る特命を持った臨時官職名。〕に任命して鬱陵島に送ろうとした。しかし鬱陵島に行く航路が大変荒れているということでこの計画は中断され、結局鬱陵島の木材は日本遠征隊の船の建造用としては用いられなかった。日本を襲った船が鬱陵島の木々で作られていたとすれば、鬱陵島は必要以上に日本に悪い印象を与える可能性があったが、実際にそういうことは起らなかった。

このように鬱陵島には質の良い木々がたくさん生えていたため、一七世紀に日本人が鬱陵島を往来する理由にもなった。一七世紀には日本人たちが木々の伐採を一つの目的に、遠路はるばる鬱陵島に渡航して来たのである。元の日本遠征と関わる鬱陵島の話は、次のように記録されている。

> 簽書枢密院使の許珙を鬱陵島の斫木使に任命し、李枢と共に送った。王が鬱陵の斫木を罷めた。（原文：以簽書枢密院使事許珙 為蔚陵島 斫木使 伴李枢以行 王奏請 罷蔚陵斫木）
>
> ――『高麗史』巻二七、世家二七、元宗一四（一二七三）年二月条

元の日本遠征は一二七四年（文永の役）と一二八一年（弘安の役）の二度にわたって行われたが、大風や台風のために結局二回とも失敗に終わった。高麗人が短期間に船を手抜き工事で

造ったため、大風や台風によっていとも簡単に沈没したというのである。最近の研究によると一二七四年の第一次遠征の時は、元の軍勢は一度北九州に上陸して日本軍を襲撃した後、その夜は船に撤退したのだが夜の間に暴風雨によって船団がほとんど沈没してしまった。そして第二次遠征の際には、実際に大きな台風に遭遇して元の船の大部分が沈没してしまった。

高麗が元の日本遠征に加わるしかなかったことは、不幸な過去の出来事であった。『高麗史』には、高麗の忠烈王が元に日本遠征を申し入れたという内容が出ているが、高麗人のほとんどは日本と戦うつもりはなかった。それは日本側も認めている内容である。

ただ、高麗が鬱陵島の木材を日本遠征隊の船の建造用として使おうとしたという記録は、高麗が鬱陵島と独島などの地を具体的に統治していたという事実を物語っている。

2　高麗末に鬱陵島に立ち寄った倭寇

統一新羅時代に断絶した日本との国交を、高麗は最後まで回復できなかった。しかし朝鮮時代初めの一四〇四年に日朝間の国交が正式に回復される。

元の日本遠征以降、彼らと戦った鎌倉幕府は一三三三年に滅亡した。鎌倉幕府が滅びた主要原因の一つは、元による日本遠征にあった。元の兵士と戦った日本の武士たちは幕府からその功労への恩賞をほとんど与えられなかったため、各地の武士たちが幕府に背を向けたからである。

そういう状況の中で当時天皇親政の復活を望んでいた後醍醐天皇が、足利氏などの武士集団の協力を得て鎌倉幕府を滅亡させ、一三三三年から約二年半ほどの短期間ではあったが天皇親政を回復させた。しかし後醍醐天皇は政権創出のための功労者である武士たちを軽視して貴族中心の政治に固執したため、親政はわずか二年半で崩壊してしまった。後醍醐天皇が新政権樹立に貢献した武士たちに、その功労に対する恩賞を十分に与えなかったからである。

後醍醐天皇は武士たちに追われて京都の南の吉野に逃げ、そこに南朝を樹立した。京都では足利氏が幕府を再興させて北朝を樹立したので、それ以後日本は約六〇年の間、南北朝時代に入る。南北朝時代には内乱が広まり、日本はこの頃も対外的に力を発揮することができなかった。

足利氏が立てた幕府はその中心地が京都の室町にあったので、室町幕府という名が付けられた。ところで当時内乱が絶えなかった理由は、室町幕府が全国を統治する能力に欠けていたからである。これに乗じて倭寇たちの活動が本格化した。当時の日本は、内乱で庶民たちの生活が非常に不安定になったため、倭寇になって生計を立てようとする者たちが増えたからである。

倭寇たちは対馬・壱岐・五島列島などの九州の島々を拠点として活動した。日本では元の日本遠征の時に、ほとんど全滅させられた対馬や壱岐の島民が中国と高麗に復讐する目的で倭寇になったケースが多かったという主張もある。しかし、元の日本遠征から約五〇年以上も経った時点で倭寇が発生していることから、この説には限界がある。

結局、日本の南北朝時代の内乱が倭寇を発生させた最も直接的な要因であった。倭寇たちの一部は自分たちの活動を正当化するため、元や高麗に復讐する目的で海賊活動を起こしたと主張したのだろう。

室町幕府は内乱に巻き込まれて対外的に力を発揮できない状態だったので、倭寇を取り締まる力もなかった。それで室町幕府には統治能力がないと判断した高麗は、西日本の豪族たちに倭寇の取り締まりを要請するようになった。

倭寇は朝鮮半島の沿岸を中心に略奪を行い、鬱陵島にも侵入した。前述したように朝鮮時代初期の一四一七年には、倭寇が于山島と鬱陵島に侵入したという記録がある。またそれ以前の歴史を記録した『高麗史』を見ても倭寇が鬱陵島に侵入したという記録があり、日本が南北朝戦乱の真っ只中だった一三七九年にも倭寇が鬱陵島に侵入して一五日間も留まったと記録されている。

高麗は一三五〇年頃から大挙出没するようになった倭寇に手を焼いていた。元が紅巾の乱で衰退したのに乗じて、高麗の恭愍王《コンミン》（在位：一三五一～一三七四）は一三五六年に元と断交した。その後高麗は元の侵入する以前の領土を回復した。ところが元で乱を起こした紅巾賊や勢力を伸ばした倭寇が高麗に侵入して来たために、高麗は息つく間もなく戦わなければならなかった。

このように紅巾賊と倭寇の侵入によって、中国と朝鮮半島では大きな政治的変化が起こるようになる。倭寇討伐に大勝し功名を立てた高麗の武将たちの中に、朝鮮を建国した李成桂《イ・ソンゲ》がいた。高麗が倭寇を退治することが、朝鮮建国につながる大きな要因となったのである。高麗は元に奪われた主権を回復しはしたが、国運は既に大きく傾いていた。中国では戦乱の広がる中で、一三六八年に一時紅巾賊の武将を務めた朱元璋《チュ・ウォンジャン》が明を建国して明の初代皇帝となった。

当時は倭寇の影響で高麗の状況もあまり良くはなかったが、高麗の武将たちは倭寇に対して次第に大きな打撃を与えはじめた。一三八九年には高麗の武将朴葳《バク・ウィ》が艦船一〇〇隻余りを率いて倭寇の本拠地対馬を攻撃し、倭寇船三〇〇隻余りを焼き払った。その後高麗や高麗の次の王朝である朝鮮に倭寇が侵入する回数が大幅に減るようになる。ちょうどその頃に倭寇は鬱陵島にも侵入したが、その記録は次のように記されている。

倭寇が楽安郡に侵入して略奪をした。（中略）李子庸《イ・ジャヨン》が日本から戻ってきたが、九州の節度使である源了俊《みなもとのりょうしゅん》が捕虜として捕らえられていた者約二三〇人を帰してよこし、槍と剣、そして馬を捧げた。倭が武陵島に入り込み、一五日も留まってから去った。

（原文：倭寇楽安郡（中略）李子庸 還自日本 九州節度使源了俊 帰被虜人二百三〇余口 献槍剣及馬 倭 入武陵島 留半月而去）

――『高麗史』巻一三四、列伝四七、辛禑五（一三七九）年四月条

まず、この記録には倭寇が楽安郡に侵入したと記録されている。楽安郡とは、現在の全羅南《チョルラナム》道《ド》順天市楽安面・外西面と宝城郡筏橋邑の付近の地方を指している。倭寇たちが現在の全羅南道に侵入したということである。

そして九州の節度使とは、日本の北九州にあった九州探題〔九州を統治するために設置された軍事機関〕の使節を意味する。源了俊という人物は、当時の室町幕府の九州経営を担当しながら、朝鮮と通交していた今川了俊を示す。

今川氏が源氏と称していたのは今川氏が源氏から派生した氏族であり、源氏は日本の代表的な武家の名字だったため、対外的に広く使われていたからである。さらに中国や韓国では姓のほとんどが一文字の漢字なので、日本人たちも対外的には漢字一文字の名字を多く使っていた。

ここで倭寇が一五日間だけ鬱陵島に留まり、その後去っていったという記録は意味深長である。対馬を本拠地としていた倭寇は、日本の九州やその他の島々が近くにあったため、高麗の攻撃を受けたとしても身を隠せるところが多かった。しかし鬱陵島に侵入したところを襲撃されると避難できる島が少なく、日本の領土も遠すぎて逃避するのがむずかしいので、長く留まると危険だと考えたのかも知れない。そんな解釈が成り立つほど、鬱陵島や独島などの島は日本からは遠く明確に高麗の領域だったのである。

3　朝鮮と国交を回復した日本

李成桂が朝鮮を建国した一三九二年に、日本では南北朝時代が終わりを告げた。南朝が降伏し、北朝が以後日本の正統王家となった。これは日本が少しでも安定するという兆しに見えた。

天皇親政を一時復活させた後醍醐天皇の血統である南朝が、北朝に降伏せざるを得なかった理由は、北朝には室町幕府という武士政権が絶対的な協力者として付いていたからである。そのためいくら南朝が自分たちこそ正統王朝だと主張しても、物理的な軍事力の前にはいずれ屈服するしかなかったのである。

それでは北朝は室町幕府が意図的に作り上げた偽りの王族なのかというとそうではない。北朝の天皇も本来、南朝と同じ王家の出身である。南朝と北朝の血統は、第八九代天皇の後嵯峨天皇から分かれたのである。したがって北朝と南朝の先祖は元々同じである。結果的に南朝が滅びて北朝系の天皇たちが王統を継承したので、現在の日本の天皇家は北朝の子孫である。

室町幕府の第三代将軍、足利義満の治世に日朝国交回復がなされた。日本ではこの時代に文化の花が咲き、義満は対外孤立政策を終わらせて約五〇〇年ぶりに中国および朝鮮と正式に国交を結んだ。一四〇三年に明の皇帝は足利義満を王として冊封〔中国の皇帝が周辺国の諸侯を王として認めること。〕し、日本は明を宗主国として受け入れた。本来日本の国王は天皇であるが、将軍の義満が日本国王として中国から冊封された。

北朝は、室町幕府の立てた王朝だったため、事実上幕府の統制を受けていた。それゆえ幕府の将軍が最高権力者として浮上して実質的な日本国王を自称し、対外的には日本の代表となったのである。第三代室町幕府将軍の足利義満は、外国と接触するとき自らを「日本国王源道義」と称した。

日本最初の武士政権鎌倉幕府を創建した人物は源頼朝であった。その時から日本の有力指導者たちは源氏の子孫だけが幕府を開くことができると暗黙の合意をしたために、源氏は日本最高の氏となった。元々源氏は清和天皇（在位：八五八〜八七六）の子孫なので、天皇の血筋という点で優遇された。そういう面では、日本も本来は血統を重視する社会であった。

義満は明と冊封関係を結んだ後、一四〇四年に朝鮮と交隣関係〔中国王朝に事大の礼を尽くす国同士が結ぶ対等な外交関係。〕を結んだ。こうして日本は、当時の中国を中心とする東アジア秩序の中に編入された。高麗は日本に国交回復を幾度も要請したが、朝鮮時代初期になってそれが成立した。この朝鮮と日本の国交正常化は、南北朝の戦乱が終了した後に朝鮮が日本に倭寇の取り締まりを強く要請した結果でもあった。さらに足利義満が明と朝鮮を先進国と考えて交流を望んだことも、国交回復の重要な要因となった。

当時朝鮮は、李芳遠《イ・バンウォン》すなわち朝鮮第三代王の太宗《テジョン》の治世であった。太宗は女真族と倭寇に対して、強硬策と懐柔策を同時に採っていた。太宗は高麗と同様に室町幕府だけでなく、西日本の豪族たちにも倭寇の取り締まりを要請していた。それでは太宗は、鬱陵島と独島などの地に対してどのような政策を採ったのだろうか。

太宗の治世は、鬱陵島と独島の歴史において非常に重要な時代である。それは太宗が鬱陵島を住民不在にする空島政策を命令したからである。太宗はなぜ、島を空にするために島民たちの刷還〔連れてくるという意味。〕を命令したのだろうか。一言で言えば、それは倭寇の脅威のためであった。『太宗実録』を見ると、鬱陵島民を本土に連れて来い、という太宗の命令が次のように記録されている。

江陵道（江原道）の武陵島（＝鬱陵島）居民を陸地に連れて来るように命令したが、これは監司の言葉に従ってのことであった。

（原文：命出江陵道武陵島居民于陸地 従監司之啓也）

――『太宗実録』巻六、太宗三（一四〇三）年八月条

日本は一時、朝鮮の空島政策とは鬱陵島を放棄したことと同じだ、と主張していた。しかし島を留守にしておく政策が空島政策なので、その島を放棄したと見ることはできない。なぜなら朝鮮王朝は、鬱陵島が朝鮮の島であることを幾度も朝鮮官吏を通じて対馬官吏に伝えていたからである。そして太宗は倭寇に対して強力な退治政策を取っていたため、もし空島政策に乗じて倭寇が鬱陵島や独島などの地を占領する事態が発生したなら、直ちに軍隊を送って鎮圧したはずである。それは高麗が高麗末期に朴葳を送って対馬の討伐作戦を実行したことを見ても、すぐに推測できることである。倭寇たちもこのような朝鮮の政策をよく知っていたため、鬱陵島と独島などの地を本格的に狙ってはいなかった。

ところで一四〇七年に、対馬の島主が鬱陵島に移り住みたいと朝鮮に要請した事実がある。島主自身は倭寇ではなかったが、倭寇に比較的近いと言える対馬島主が本拠地である対馬を去って鬱陵島に住みたい、というのは尋常でない話であった。表面的には倭寇の活動や食糧不

足のために悩む対馬島主が、より肥沃な鬱陵島への移住を要請した事件だが、他の目的があるかも知れないという疑いが生じた。彼らの要請に対して、太宗は次のように答えた。

対馬島守護宗貞茂が平道全を送って土産物を捧げ、（倭寇に）捕らえられて行った人々を帰還させた。貞茂が茂陵島（＝鬱陵島）を請い、様々な部落を従えて移り住みたいと言うので、王曰く「もしこれを許すと日本の国王が我に、叛人を招いたと言って隔たりが生じるのではないか」と言うと、南在曰く「倭人の風俗は叛すると必ず他の人に従います。これが習慣であり常事ですので、これを禁じることができません。誰も敢えてそういう計策に出ることはないでしょう」と言った。王曰く「向こうの境の中では常事だとしても、もし越境してくるとなると彼らはきっと何かの話をしてくるはずである」。

（原文：対馬島守護宗貞茂 遣平道全 来献土物 発還俘 虜 貞茂請茂陵島 欲率其衆落徙居上曰 若許之 則日本国 王謂我為招納叛人 無乃生隙歟 南在対曰 倭俗叛則必宗他人 習以為常 莫之能禁 誰敢出此計乎 上曰 在其境内 常事也 若越境而来 則彼心有辞矣）

――『太宗実録』、巻一三、太宗七（一四〇七）年三月条

ここに記録された対馬島主の宗貞茂《そうさだしげ》は宗氏の家系で、宗氏の始祖である宗重尚は四世紀に朝

鮮半島から日本に渡った金官伽倻出身の秦氏の子孫だと言う。彼らの名字は元々惟宗氏だったが、朝鮮との関係を考慮して宗氏に改めたという。

南北朝時代に宗貞茂の二代前の島主だった宗澄茂《すみしげ》は、幕府から正式に守護〔武士政権下の地方警察。王家のおいた国司に替わる幕府直轄の官吏。現在の地方知事に該当。〕に任命された。ところが倭寇たちが対馬を拠点として活動していたため、朝鮮では対馬島主も倭寇というイメージがあった。

『太宗実録』を見ると、対馬島主の宗貞茂は倭寇に拉致された朝鮮人たちを朝鮮に送還しつつ、自分たちが鬱陵島に移住できるように要請した。しかし太宗が対馬島主の要請を受け入れたならば、鬱陵島が対馬のように倭寇の拠点になる恐れがあった。それで太宗は、対馬の人々を受け入れれば、日本から苦情を受けるという理由を挙げてその要請を断った。これは当時、対馬の人々の所属意識が相当曖昧だったという事実を物語る事件でもあった。その後、対馬島主はこれに似た要請を何度も朝鮮にしている。そして一七世紀末に至ると、対馬の人々は鬱陵島を日本の領土にしようという策略を立てるに至るのである。

4　鬱陵島空島政策を推進した太宗

太宗は鬱陵島を無人島にしておく空島政策を命令したが、実際に鬱陵島の人々を本土に連れてくるにはずい分時間がかかった。ところで空島政策の実施が様々な理由によって遅れていた頃、鬱陵島の人々が朝鮮に漂流してくる事件が起った。太宗一二（一四一二）年に鬱陵島から島民一二人を乗せた船が高城《コソン》の於羅津《オラジン》〔現在の江原道高城に位置していた港。〕に来て停泊したのだが、乗っていた島民たちの証言は次のようであった。

彼らは自分たちが武陵島で生まれ育ち、そこの戸数は一一戸、男女六〇人余りが住んでいたが、今は本島に住居を移して住んでいる、と言った。この話は、今吟味してもよく理解のできない話である。また彼らは、自分たちを流山国島の人間だと言った。〔『太宗実録』巻二三、太宗一二（一四一二）年、四月条〕

朝鮮の官吏たちは、彼らの言葉から武陵島と別途に本島である流山国島という島があるのではないかと考えた。つまり朝鮮政府である議政府は、人の居住できる島が流山国島（于山島）と武陵島という二つあるかも知れないと考えたようである。

　議政府に命じて流山国島の人々を処理する方法を議論した。江原道の観察使が報告した。
「流山国島人の百加勿《ペク・カムル》など、一二人が高城の於羅津にやって来て停泊して曰く、私たちは武陵島で生まれ育ち、その島の中の人戸が一一戸で男女が六〇余人で、今は本島に移って来て住んでいます。（中略）この人たちが逃げるかどうか心配なので、また通州・高城・杆城に分けて配置して置きました。」

（原文：命議政府議処 流山国島人 江原道 観察使報云 流山国島人 白加勿 等 一二名 求泊高城於羅津 言曰 予等生長武陵 其島内人戸一一 男女共六〇余 今移居本島（中略）竊慮此人等逃還 姑分置于 通州 高城 杆城）

——『太宗実録』巻二三、太宗一二（一四一二）年四月条

かつて于山国の人々は、現在の鬱陵島を于山国の本島として于山島、あるいは于山国島と呼んでいた可能性がある。しかしこの記録には明確でない内容が含まれている。本島が流山国島、つまり現在の鬱陵島ならば、漂流民たちが言及したもう一つの島である武陵島とはどの島を指すのだろうか。彼らの言った武陵島とは普通は鬱陵島を指すと解釈されるが、ここでは鬱陵島から東に二キロメートルほど離れた竹嶼島であるのか、それとも現在の独島であるのか。しかし竹嶼島や独島には六〇人以上の人が住むことはできない。またこの記録は、漂流民たちの話を記述する過程において、記録官たちの知識不足によって島の名称が混乱した可能性がある。

当時議政府では、このような曖昧な点を確認すべきと考えたようである。その後に鬱陵島か

ら島民たちを本土に連れてくる過程を経ながら、武陵島とは欝陵島であり于山島とは現在の独島だということが整理されていった。また流山国島に関する記録は、欝陵島の人々の方言を聞き分けられなかった結果だと解釈できる。

江原道の観察使は漂流民一二人を三ヵ所に分けて収容した後、逃亡できないように措置を取った。当時の朝廷は漂流してきた島民たちを島に帰さず、他の島民たちも全て欝陵島から送還するという方針を再び確認した。つまりこの事件をきっかけに空島政策がより具体化されていった。欝陵島に人が住んでいれば倭寇に拉致される恐れもあり、彼らの住居などが倭寇に利用される可能性もある。そのため欝陵島から本土にやって来た人々が欝陵島に戻れないように措置し、他の島民たちも全て本土に送還しようとしたのである。

このように朝廷が、空島政策を再び実行することを決定したのが一四一二年であった。それは太宗が初めに命令を下してから九年も過ぎた時点であり、その後欝陵島の島民たちを実際に刷還するために官吏が派遣されたのは、一四一六年のことであった。

朝鮮王朝は太宗一六年、つまり一四一六年に金麟雨《キム・インウ》を「武陵島等処按撫使」に任命して欝陵島に送った。太宗が命令を下してから実に一三年も経った時点で、空島政策はようやく実行に移されたのである。

金麟雨の肩書きである「按撫使《アンムサ》」とは、人民たちの苦しみや首領たちの悪政を調査するため、中央から派遣される臨時官職を示す名称である。金麟雨が「武陵等処（等処＝等地）按撫使」に任命されたのは、武陵島とその周辺の島に住んでいる人々の内情を調査するという名目があったからである。

このように金麟雨の肩書きが「武陵島按撫使」ではなく「武陵等処按撫使」だったことから、朝鮮王朝は鬱陵島を武陵島と考えただけでなく、その周辺の島まで調査対象として考えていたことが分かる。

高麗の後を継いで朝鮮半島の主人となった朝鮮は、鬱陵島と独島に対してより明確に認識しはじめた。朝鮮時代初め、王朝では武陵島等地にいくつかの島があるということは分かっていたが、その島たちの名称を定めるのに時間がかかった。つまり独島が初めから于山島と呼ばれたのではない、ということである。鬱陵島民たちは自分たちの住む鬱陵島を于山国の本島という意味で于山島と呼んでいたようだが、朝鮮本土では于山国の本島を鬱陵島と呼び、鬱陵島の他に武陵島や于陵島などとも呼んでいたのである。

金麟雨を「武陵等処按撫使」に任じた。（中略）金麟雨がまた申し上げて言った。「武陵島が遠く海の中にあって人が互いに往来することができないので、軍役を避ける者が時々逃げ込んで行きます。もしこの島に多くの人が接するようになれば、遂に倭敵が必ず入り込んで盗みを働き、而して江原道に侵入するはずでございます」と言った。王もそう考えて金麟雨を「武陵等処按撫使」に任命した。

（原文：以金麟雨 爲武陵等処 按撫使（中略）麟雨又啓 武陵島遥在海中 因不相通 故避軍役者 或逃人焉 若此島多接人 則倭終必人寇 因此而侵於江原道矣 上然之 以麟雨為武陵等処按撫使）

——『太宗実録』巻三二、太宗一六（一四一六）年九月条

武陵島には軍役を避けて本土から逃げて行った者たちがいると報告した金麟雨は、そういう者たちが武陵島に多くなると倭寇の標的になって、倭寇は武陵島を拠点として江原道に侵入するだろうと警告した。刷還・空島政策は、倭寇が鬱陵島と独島などの島に侵入することを防ぐ手段として実行されたのである。

5　刷還政策を実行に移した金麟雨の活躍

金麟雨は第一次刷還のために、武陵島等地に行って島々の状況を探り、居住民三人を引率して帰ってきた。記録によると金麟雨は「于山島から戻ってきた」と記されている。そして于山

島には一五家族、男女合わせて八六人が住んでいる、と記録された。ここで金麟雨が言った于山島とは独島ではなく、現在の鬱陵島である。

按撫使の金麟雨が于山島から戻って来て、土産物である大竹、水牛皮、生苧、綿子、険樸木などを捧げた。また、そこに居住していた人々の中の三人を率いてきたが、その島の戸数は一五世帯で、男女合わせて八六人であった。金麟雨が（島に）行ってその帰りに二度も台風に遭い、辛うじて生きて帰って来られたと言った。

（原文：按撫使金麟雨 還自于山島 献土産大竹水牛皮生苧綿子検樸木等物 且率居人三名以来 其島戸凡一五口 男女幷八六 麟雨之往還也 再逢颱風 僅得其生）

——『太宗実録』巻三三、太宗一七（一四一七）年二月条

議政府は以上のような事件の四日後に、兵船二隻に有能な水軍兵士たちを乗せて、金麟雨を再び鬱陵島に送ることを決定した。［『太宗実録』巻三三、太宗一七（一四一七）年二月八日条］この第二次刷還での金麟雨の官職名は「于山武陵等処按撫使」であった。議政府が金麟雨を「武陵等処按撫使」ではなく「于山武陵等処按撫使」と任命したのは、于山島と武陵島に対する正確な情報を得ようとしたためと見られる。

そうして第二次刷還を実行した金麟雨は、鬱陵島民一七人を連れて本土に帰ってきた。一四一九年に王位に就いた世宗大王は、鬱陵島から本土にやって来た島民たちを生活に不便のないように保護することと指示し、刷還が円滑に進むように配慮した。［『世宗実録』巻三、世宗元（一四一九年）年四月条］

ところで世宗大王が王位に就いた後も、太宗は上王として権力を握っていた。太宗は世宗の王権を確固たるものにするため、実質的な権力を行使していた。そのため、世宗時代の初期政策は太宗の時の政策をそのまま引き継いだものとなった。

朝鮮は金麟雨を通じて刷還を推進したが、第一次刷還の時に連れて来た三人と漂流してきた一二人、それに第二次刷還の時に連れて来た一七人を合わせてもまだ全体で三二人しか刷還できていなかった。鬱陵島にはさらに五〇人余りの島民たちが残っていたため、世宗は第三次刷還を実行に移した。

一四二五年、世宗は第三次刷還のために金麟雨を再び按撫使に任命した。そして、第三次の時も金麟雨の肩書きは「于山武陵等処按撫使」であった。第二次の時に本土に召還された三人の鬱陵島の島民たちが「于山島から来た」と考えた王朝は、于山と武陵という二つの島があると見て、その二つの島のより明確な情報を得ようとしたのである。このような過程を通じて朝鮮は、東海（日本海）にある島々に関する情報をさらに具体的に把握していくようになる。

甲戌以前に判定鬠県事の金麟雨を于山武陵等処按撫使に任じた。（中略）麟雨が軍人五〇人を率いて軍器と三ヶ月分の糧食を備えた後に、船に乗って出発した。

（原文：甲戌以前判長鬠県事金麟雨 為于山武陵等処 按撫（中略）麟雨率軍人五〇人 備軍器斉三月糧 浮海而去）

――『世宗実録』巻二九、世宗七（一四二五）年八月条

第三次刷還を推進した際に、金麟雨は五〇名ほどの軍人たちとともに鬱陵島に渡って行った。その結果、島民二〇人余りを連れてきたが、船一隻が遭難して四〇名程の軍人たちが行方不明になってしまった。それで世宗は「麟雨が二〇人余りを捕えてきたものの、四〇人余りを失ってしまって一体何が有益だと言えるのか」と嘆いたと言う。

以上の各記録を総合してみると、文脈上干山国の本島が武陵島だと解釈できるので、王朝ではこの頃に武陵島は鬱陵島と同じ島だと認識したようである。その結果、于山島の名は独島の名称として定着していった。このような事実は、後に編纂された『世宗実録』「地理志」に明確に記録されるようになる。

于山茂陵等処按撫使の金麟雨が、本土での役を避けた男女二〇人を捜索し、捕らえて復

命した。最初麟雨が兵船二隻を率いて茂陵島（武陵島）に入ったが、四六人が乗った船一隻は大風に遭い、行方不明になった。王が諸臣に曰く「麟雨が二〇人余りを捕まえてきたものの、四〇人余りを失ってしまい、一体何が有益なのか。（中略）この人たちは密かに他国に従って潜伏したのではない。また以前に犯した罪を赦免しているため、新たに罰することは不可能だ」と言った。

（原文：于山茂陵等処 按撫使 金麟雨 捜捕本島避役男婦二〇人来復命 初麟雨領兵船二艘入茂陵島 船軍四六名所坐一艘 飄風不知去向 上謂諸卿曰 麟雨捕還二〇余人 而失四〇余人何益哉（中略）此人非潜従他国 且赦前所犯 不可可罪）

――『世宗実録』巻三〇、世宗七（一四二五）年一〇月条

ここには金麟雨の上陸した島が本島で、武陵島と記録されている。そして武陵島の漢字表記が「武」ではなく「茂」になっている。このように鬱陵島に対する漢字表記はいくつもあって、統一されるまで時間がかかった。

またこの文章に見られる特徴は、世宗が于山島と武陵島を他国の島ではないと明言しているところにある。つまり世宗が、于山島と武陵島などの島を朝鮮領土であると明確に宣言したという事実が分かる。

金麟雨は、遭難した四〇名余りの軍人たちは日本に漂流したと思う、と報告したが、世宗は失踪者たちとその家族のため約一カ月後に招魂祭を行った。それからさらに一カ月ほど過ぎた頃、遭難した四六人の中の一〇人が生きて朝鮮に帰ってきた。

不幸中の幸いだった。生還した軍人たちは、漂流して日本の石見国の長浜というところに流れ着いたと言う。彼らは海岸に倒れていたのだが、日本人に助けられ、彼らは手厚いもてなしを受けた、と話した。石見国は現在の島根県の西部地方に当たる。

島根県は、二〇〇五年に「竹島の日」を制定して独島は日本の領土だと言い始め、現在韓国とは最も対立的な自治体である。それでも一五世紀には、彼らも朝鮮に対して好意的だったという事実をこの記録から知ることができる。

当時の日朝関係は倭寇だけが問題で、他の面では良好であった。そして当時の朝鮮は先進国として日本人たちには憧れの的でもあった。そういう事情があってなおさら朝鮮人を親切にもてなしたのだろう。それは日朝間に正式な国交が樹立されてから、二〇年ほど経った頃であった。

金麟雨が第三次刷還で島民二〇人余りを連れてきたことによって、鬱陵島には約三〇人ほどがまだ残っている状況になった。世宗の鬱陵島民刷還は完了する段階に入ったのである。そして世宗二〇年、すなわち一四三八年に鬱陵島民の刷還は完了する。最後に護軍〔朝鮮時代、正四品だった武官職の一つ。〕の南薈《ナムフェ》と司直の曹敏《チョミン》が武陵島に入り、そこに残っていた住民を全員本土に連れてきたのである。島民は予想を上回って全部で六六人もいたが、彼らは皆鬱陵島の土着民ではなく朝鮮本土から鬱陵島に渡った者たちであった（『世宗実録』巻八二、世宗二〇（一四三八）年七月条）。

この頃は、鬱陵島を武陵島と呼ぶようになっていたため、鬱陵島と武陵島の名称による混乱が一応解決された時期と考えられる。こうして、一四〇三年に太宗が最初に命令した空島政策は、三五年後の一四三八年に完成されたのであった。

護軍の南薈と司直の曹敏が茂陵島（武陵島）から帰ってきて復命した後、捕獲した男女六六人と、そこで産出される沙鉄、石鐘乳、生鮑、大竹などの産物を捧げ、申し上げた。「発船して一日と一夜でようやく到着し、夜の明ける前に人家を襲ったのですが、抵抗する者がおらず、皆が本国の者で自ら曰く「この土地が肥沃で豊饒だという話を聞いて、数年前の春に密かに逃げてきた」と。そして、その島は四面が石であり雑木と竹の林になっていて、西の一ヵ所に船舶を停泊させることができ、東西は一日、南北は一日半の道程であった。

（原文：護軍南薈 司直曹敏 回自茂陵島復命 進所捕男婦共六六及産出沙鉄石鐘乳生鮑大竹

等物 仍啓曰 発船一日一夜乃至 日未明 掩襲人家 無有拒者 皆本国人也 自言聞此地沃饒 年前春潜逃而来　其島四面皆石 雑木與竹成林 西面一處 可泊舟楫 東西　日程 南北一日半程)

――『世宗実録』巻八二、世宗二〇(一四三八)年七月条

一四三八年に鬱陵島を捜索しに行った南薈と曹敏の官職名は「茂陵島巡審敬差官」であった。金麟雨が第二次、第三次刷還の時に任命されたときの官職名は「于山武陵等処按撫使」といって「于山」という名称が入っていた。それは、于山島と武陵島という名称に当たる島を確定しようという目的があったためであった。しかし、南薈と曹敏の官職名からは「于山」や「等処」という言葉は除かれている。

さらに現在の鬱陵島が武陵島(茂陵島)として言及されている。整理すれば世宗朝では武陵島が現在の鬱陵島の名称となり、于山島は独島の名称として定着した。そしてこの二つの島を合わせて呼ぶときには鬱陵島と呼んだようである。当時の鬱陵島の名称は昔の于山国と同じ内容を含んでいた。また実際には現在の鬱陵島にだけ人が住んでいたために、派遣される者たちの官職名にも「武陵島(茂陵島)」の名称だけが出るようになった。

一言で刷還政策と言っても、それを完成させるには非常に長く時間がかかった。長期間にわ

たって武陵島（現在の鬱陵島）と独島などの島の居住民の刷還が徹底的に行われたという点からも、空島政策が決して島を放棄する政策ではなく、目的のため島を無人島にする政策だったということが理解できる。

その後も武陵島に密かに入った者がいるという情報が入ると、朝廷は直ちに兵士を派遣して国禁を犯した者たちを武陵島から本土へ連れ戻した。一四七一年には、永安道《ヨンアンド》の人たちが武陵島に潜入したという連絡があって、王の成宗《ソンジョン》は父の世宗のようにその民たちの逮捕を命じた。よって「空島政策」は島を留守にして放置した政策ではなく、あくまでも島民不在にした島を統治しながら管理する政策であった。

江原道の観察使である成順祖に手紙を下し、「今聞いたところによれば、永安道に住んでいる者の中で、密かに 茂陵島（武陵島）に入り込んだ者がいるというので、人を送って彼らを捕獲しようと思う。以前、世宗朝の時にこの島の人たちを見つけて討伐したが、現在もきっとその時に往来した者がいるはずなので、早速探して審問せよ。また、そこ（武陵島）に行くことを願う者を募集し、同時に船艦を用意して報告せよ」と言った。
（原文：下書 江原道 観察使 成順祖 曰 今聞 永安道 居民有潜投 茂陵島 者欲使人往捕之 世宗 朝嘗尋討此島人口 今必有其時往来者 可速訪問 且募願行者 竝備船艦以啓）

——『成宗実録』巻一一、成宗二（一四七一）年八月条

6　対馬を攻撃した世宗大王

空島政策は島を留守にしておく政策だったため、ややもすれば鬱陵島（武陵島）や独島が倭寇たちの巣窟になる恐れがあった。しかし鬱陵島を留守にした後には、鬱陵島などの島に倭寇たちが住み始めたとか、よく侵入して略奪行為を働いたという記録はない。それは朝鮮王朝がその可能性を考慮して鬱陵島などの島をよく捜索していたためであり、倭寇の拠点だった対馬を見せしめに襲撃したからである。

高麗末には朴葳が対馬の倭寇を攻撃したが、朝鮮国も対馬を直接に攻撃したことがある。それは金麟雨が第二次刷還のために鬱陵島などの島を往来した頃の一四一九年である。世宗は約二二〇隻の軍艦を送って対馬に奇襲攻撃を加えた。刷還政策を本格的に始めてから二年目のことであった。そして、名目上は世宗の治世だったが、太宗が上王の立場で実権を握っていたので、対馬攻撃は実際には太宗の命令によって実行されたのである。

当時、朝鮮の朝廷は室町幕府や九州探題（九州の地方政府）、対馬島主などに倭寇と私貿易の取り締まりを要請していた。ところが倭寇を積極的に取り締まっていた対馬島主の宗貞茂が

一四一七年九月に病に倒れ、翌年の四月に死去してしまった。そのため彼の息子である宗貞盛《さだもり》が島主になったが、まだ若かったためか、対馬周辺の警察力は弱くなり、倭寇たちはまた活発に活動を始めるようになった。

それで朝鮮は倭寇の侵入によって甚大な被害を被るようになった。そのため上王太宗は倭寇を撃退するという名目の下に、一四一九年六月に対馬へ軍隊を送った。約二二〇隻の船団と約一万七〇〇〇名の兵士が、李従茂《イ・ジョンム》将軍の指揮のもと、対馬を征伐するために出発したのである。

朝鮮軍は六月二〇日に対馬に上陸し、その付近に停泊していた約一三〇隻の船舶と約二〇〇〇戸の民家を焼き払って約一〇〇人の指導者級の人物たちを処刑した。ところが六月二六日に対馬の正規軍が反撃に出ると、朝鮮軍は上陸地点まで後退した。

六月二九日に朝鮮軍は島主の宗貞盛に使者を送って対馬を朝鮮の属州とするなどの内容が盛り込まれた要求書を伝えたが、島主はこれを拒否した。朝鮮がこのような要求をした理由は、対馬が朝鮮の形式的な「外蕃」であることを確認させることで倭寇の活動を防ぐためであった。しかし島主は朝鮮が対馬を完全に隷属させようとしていると考えて、拒否したのである。

その後、戦争はむしろ対馬の正規軍に有利に展開し始めた。ここで、七月三日、対馬側が倭寇を徹底的に取り締まることを約束した上で、朝鮮軍に和平を申し入れた。朝鮮軍はその提案を受け入れて巨済島へ撤退した。

戦争中に朝鮮軍は偶然に現地にいた中国人を保護したのだが、「(中国人に)対馬で朝鮮軍の弱い姿を見られているから、中国に送還してはいけない」という強い意見が出たり、朴実という将軍は「敗戦」の責任を負わされて実際に投獄されたりした。しかし総司令官の李従茂は民の士気を低下させる恐れがあるという理由で、無罪放免となった。

このような記録は、朝鮮軍が対馬遠征を計画通りに遂行できなかったという事実を物語っている。しかしこの事件によって対馬や九州の領主たちは倭寇をより厳格に取り締まり始めたので、その時点からいわゆる「前期倭寇」は衰退していった。この朝鮮軍の対馬侵攻によって、対馬などの地を本拠地としていた倭寇たちは、鬱陵島などの地に侵入したら朝鮮が攻め込んでくる、と考えたと判断される。

一四一九年の朝鮮の対馬攻撃は、倭寇に脅威を与えたという点で充分な成果を収めたと言えるだろう。この事件は、対馬だけでなく鬱陵島や済州島などの地にも倭寇が現れるならば朝鮮は容赦なく攻撃する、という意志を明確にした軍事作戦であり、そのメッセージは倭寇たちに充分に伝わった。そのため倭寇たちは、歴史的に鬱陵島などの地を自分たちの巣窟にしようとしたことはない。空島政策を長い間推進したために、倭寇が鬱陵島に住み着いたという歴史的な事実はない。

7 『高麗史』「地理志」に記された于山と武陵

当時の官庁で作成した公式の地理志に、鬱陵島と于山島（独島）はどのように記載されていたのだろうか。まず一四五一年に編纂された『高麗史』「地理志」を見てみよう。『高麗史』「地理志」は高麗時代ではなく、朝鮮の世宗時代に編纂された地理志である。朝鮮が建国されて以降、六〇年も経った時点で編纂された高麗の地理志なので、かなり遅く編纂されたと言える。この本には于山島と武陵島（鬱陵島）が本来二つの島だという内容が初めて記録される。原文は次のようである。

鬱陵島がある。県の真東の海の中にある。新羅の時は于山国と言い、武陵または羽陵とも言った。地方は一〇〇里である。（中略）一説に、于山と武陵は本来二つの島で、互いに距離が遠くないので、風が吹き、天気が晴れれば眺めることができると言う。
（原文：有鬱陵島 在県正東海中 新羅時称于山国 一云武陵一云羽陵 地方百里（中略）一云于山武陵本二島 相距不遠 風日清明 則可望見）

——『高麗史』巻五八、地理志一二、地理、東界、蔚珍県（一四五一年）

この文献に出ている于山島と武陵島は、高麗時代の認識が反映されたものと思われる。高麗時代までは于山島とは鬱陵島そのものという認識が強かった。于山国とは于山島と武陵島の二つの島でなってはいたが、于山国の別名を鬱陵島と言って、鬱陵島と武陵島を区別するようになったのは、朝鮮時代以降のことである。そのため『高麗史』「地理志」は、高麗時代の鬱陵島と独島に対する認識をそのまま反映して「一説に」と言及し、「于山と武陵は本来二つの島で、互いに距離が遠くないので、風が吹き、天気が晴れれば眺めることができると言う」という説明を入れた。

高麗時代にも鬱陵島の他にいくつかの島があるという事実はすでに知られていた。ところが于山島と鬱陵島が別の島だとはっきり明記されたのは朝鮮時代であった。『高麗史』「地理志」では多少曖昧な表現が使われているが、「互いに距離が遠くないので、風が吹き、天気が晴れれば眺めることができると言う」と記録されているところを見ると、この説明と一致する二つの島は現在の鬱陵島と独島しかない。ところで日本人たちは、ここに出ている于山島を鬱陵島の東から約二キロメートルの距離にある竹嶼島だと主張する。

しかしそれは全く根拠のない話である。なぜなら鬱陵島から竹嶼島は常に見えるからである。いくら悪天候でも竹嶼島は鬱陵島から良く見えるため、晴れた日にだけ見えるという于山島とは、結局独島である外はない。

8　『世宗実録』「地理志」に記された于山と武陵

『世宗実録』「地理志」は『高麗史』「地理志」が編纂されてから三年後の一四五四年に完成した。編纂の時期に三年の差しかないが、高麗時代と朝鮮時代の記述が完全に一致するはずはないので、その内容にはある程度の差がある。

世宗は一四五〇年に世を去ったので、『世宗実録』の編纂作業は彼の死後に始まった。そういう面で『高麗史』「地理志」は非常に遅く編纂されたもので、三年後に編纂された『世宗実録』「地理志」は高麗時代の認識とは違う、新しい見方を導入したという点で意味がある。この『世宗実録』「地理志」には、世宗の時に于山島と武陵島の島民たちを刷還する過程で得た二つの島に対する正確な認識が記録されている。

まず『世宗実録』「地理志」は、于山島と武陵島が二つの別の島だと断定している。この記録は于山島（独島）という島を、世宗およびその時代の人々が朝鮮領土としてはっきり認識したという点で、非常に貴重な資料だと言える。

于山と武陵、二つの島は県の真東の海の中にある。二つの島は互いに距離が遠くないので天気が晴れれば充分に眺めることができる。新羅の時は于山国または鬱陵島とも言ったが、地方は一〇〇里である。

（原文：于山武陵二島 在県正東海中 二島相去不遠 風日清明則可望見 新羅時称于山国 一云鬱陵島 地方百里）

――『世宗実録』巻一五三、地理志、江原道、三陟都護府、蔚珍県（一四五四年）

この記録には二つの島、つまり于山島と武陵島を新羅時代に于山国と呼んだと書かれている。それはまさに、于山国が武陵島（現在の鬱陵島）と独島を治めた国だったという話である。ところで于山国が于山島と武陵島を治めたという内容は『世宗実録』「地理志」に初めて正確に記録されている。これは世宗が刷還政策を通じて確認した正確な地理情報だったからである。

ここでは、于山島と武陵島を于山国と言い、于山国を鬱陵島とも言った、と記録されている。つまり于山島と武陵島を合わせて鬱陵島と総称したのである。『高麗史』「地理志」には「鬱陵島＝武陵島＝于陵島＝于山国」となっているが、『世宗実録』「地理志」には「于山島＋武陵島＝于山国＝鬱陵島」という認識が新たに確立されている。

こういう側面で『世宗実録』「地理志」は世宗時代の認識をよく表現した地理志と言える。

第二次刷還の後に金麟雨の官職名は「于山武陵等処按撫使」になった。それから金麟雨が第三次刷還に赴いた時、武陵島が事実上現在の鬱陵島の本島だという事実が明らかになった。南會などが鬱陵島に派遣された時は彼らの官職名が「武陵島巡審敬差官」であった。その頃には、于山島と武陵島が現在の独島と鬱陵島という認識が定着していたと見られる。

結局世宗の時、于山国には于山島（独島）と武陵島（現在の鬱陵島）という二つの島が含まれており、于山国を鬱陵島とも言ったとしたため、当時鬱陵島は二つの島を合わせた名称として認識されていた。

要するに『世宗実録』「地理志」は、武陵島と鬱陵島という名称が何を指すのかを明確に区別したのである。世宗の時は当時の島名を基準として見て、武陵島が鬱陵島の別の名称ではなく、于山島と武陵島を合わせて鬱陵島（于山国）と整理したのであった。

『世宗実録』「地理志」は、その説明文に「二つの島は互いに距離が遠くないので、天気が晴れれば充分に眺めることができる」と記述することによって、于山島、つまり独島の存在をはっきりと認識している。また『世宗実録』「地理志」には于山島と武陵島が一つの島だという話がなく、確実に二つの島として記載されているところが重要である。

最後に出ている「地方は一〇〇里」という言葉は、于山島と武陵島を合わせて記録したものと思われる。また実際に独島である于山島は小さな島なので、武陵島（現在の鬱陵島）の大きさだけを記載したようである。結局『世宗実録』「地理志」に現れた于山島と武陵島に関する記述は、独島に対する朝鮮の明確な領有権宣言でもあった。

【コラム2】倭寇

倭寇とは一四世紀から一六世紀にかけて朝鮮半島や中国大陸の沿岸、内陸などで活動した海賊や私貿易あるいは密貿易をした者たちを示す言葉である。倭寇という言葉には「倭の侵略」という意味もあり、「日本人の侵略者」という意味もある。それで一六世紀末に朝鮮を侵略した豊臣秀吉の倭軍や、一九三七年に始まった日中戦争の時の日本軍も「倭寇」と呼ばれた。

倭寇はその時期と構成員によって「前期倭寇」と「後期倭寇」に分けられる。高麗時代から朝鮮時代の初期まで活動した倭寇は日本人を中心とした前期倭寇で、それ以後に活動した後期倭寇には中国人や朝鮮人も含まれていた。

前期倭寇の構成員は主に日本人だったが、世宗が治めていた時期には朝鮮人が非常に多く含まれていたと『世宗実録』に記録されている。

判中枢院事の李順蒙が、その上書の中で「臣が（中略）聴いたところ、高麗王朝の末期に倭寇が横行し、民たちの生活が苦しくなってしまいました。しかし倭人たちは一〇人の中で一、二人にすぎなかったのに、本国の民たちが偽りに倭人の衣服を着て党を作って乱を起こしたので、これもまた警戒しなければならないことでございます」

——『世宗実録』一一四巻、世宗二八（一四四六）年一〇月二八日（壬戌）

このように「倭人たちは一〇名の中で一、二名にすぎなかったのに、本国の民たちが偽りに倭人の衣服を着て党を作って乱を起こした」と記録されている。前期倭寇の最後の時期に当たる世宗の治世には、朝鮮人たちが倭寇になった事例もかなり多かった。

高麗末には前期倭寇の活動範囲が朝鮮半島の北部にまで拡大され、南部では内陸の奥深くまで倭寇が侵入した事例も多かった。数千人に及ぶ倭寇の大軍団もあったという点から見ると、西日本の武士集団などが朝鮮半島の侵略を主導した可能性もあるかもしれない。

高麗末には高麗の名将たちが立ち上がって倭寇を大々的に討伐した。特に崔瑩《チェ・ボ》、李成桂《イ・ソンゲ》、崔茂宣《チェ・モソン》、羅世《ナ・セ》、鄭地《チョン・ジ》、朴葳などの活躍によって、倭寇の朝鮮半島への侵入は激減した。このような状況の中で特に李成桂は倭寇討伐で名声を得て、一三九二年に朝鮮を建国するようになる。その後の一四一九年に朝鮮軍は倭寇討伐という名目を掲げて対馬を襲撃し、これをきっかけとして再び倭寇は激減したのだが、この時点までの倭寇を「前期倭寇」と言う。

「後期倭寇」は、幕府の将軍承継問題によって発生した「応仁の乱」(一四六七〜一四七七)での日本国内の混乱に乗じて、本格的に勢力を拡大した。後期倭寇の構成員は一〇名の中で七名ほどが中国人で、残りが日本人だったと『明史』「日本伝」に記録されている。しかし日本人のほとんどが戦争の経験者だったために倭寇集団の指導者として活動した。このような面で後期倭寇は、日本人の指揮下で活動した朝鮮人、中国人、日本人の連合体であった。明は海禁政策〔自国人の海外進出を禁じ、他国人の入国を制限する一種の鎖国政策。〕を取って私貿易を制限したため、これに抗議する中国人や朝鮮人たちが日本人の倭寇の下に入り、中国の東部沿岸に拠点を置いて活動したりしたのである。

後期倭寇の中には中国人の親分を持つ集団たちも多かった。中国人の王直、徐海、李光頭、許棟などが有名な中国出身の倭寇の親分たちだったが、特に王直は日本の五島列島などを拠点として活動した。一五四七年には明の将軍である朱紈が倭寇の鎮圧を試みたが失敗した。その後、王直が明によって殺害され、豊臣秀吉《とよとみひでよし》が一五八八年に倭寇取締令を下したため、後期倭寇の勢力は急速に衰退していった。

日本と朝鮮の外交関係

九二六年に渤海が滅びた後に、日本は約五〇〇年間高麗、朝鮮および中国と正式国交を結ばなかった。しかし倭寇が朝鮮半島と中国の沿岸・内陸などを襲撃したため、高麗と明は日本の室町幕府に倭寇の取締りを要請した。高麗は、室町幕府が日本を充分に統治していないという事実を見抜いて、西日本の豪族や九州の地方政府などにも個別的に倭寇の取り締まりを要請した。

一三九二年に建国された朝鮮は、倭寇の取り締まりを目的に日本に国交回復を要請し、明も同じ理由で日本に冊封関係回復を要求した。それで日本は一四〇三年に明とまず「冊封関係」を結び、翌年の一四〇四年に朝鮮と「交隣関係」を結んだ。交隣関係とは恒例関係とも言って両国の対等な関係を意味する。当時東アジアでは中国を除いた様々の国の王たちが中国の統治者を皇帝と認めて貢物を捧げ、中国からの冊封を受けた国々は互いに対等な関係を結んだ。

第三章　蔘島・三峰島の捜索と『新増東国輿地勝覧』

新羅に服属した鬱陵島と独島は、その所有権が高麗に移って名称が確定する段階を経て、太宗と世宗の時代に独島の名称は于山島として定着した。

もちろん当時も、今の鬱陵島の周辺に小さな島があるということは広く知られていた。しかし鬱陵島に住む人たちが独島の存在を知っていたとしても、本土の人たちは直接行ってみない限り、独島の存在を具体的に認識するのは難しかった。そのため世宗の時に刷還を幾度も実行した結果、今の鬱陵島と周辺の諸島について明確に認識することができ、天気が晴れれば鬱陵島から独島を確認できるという事実も知られるようになった。

それでは朝鮮王朝は刷還の過程で得た情報を基に、鬱陵島と独島、そしてその周辺の島々に関して、その後どのようにしてより正確な情報を得ていたのだろうか。この点に関して検討してみよう。

島民たちをすべて刷還した後に、朝鮮王朝は鬱陵島等を五年に一度ほどのペースで調査した。また、何かが起こった時には官吏を送って処理した。しかし基本的に鬱陵島に渡ることが禁止されたため、時が経つにつれて本土の人々は鬱陵島や独島に関する情報に接する機会が少なくなっていった。このために欝陵島等に関する情報に問題が生じ始めたのだが、それは欝陵島ほどの大きさの島がもう一つ存在するという情報によって本格化したのだった。

1　失敗に終わった蓼島捜索

世宗の時代に、東の海に欝陵島以外に蓼島《ヨド》という島があるという情報が入ってきた。それは欝陵島等地の島民たちの刷還が終わる数年前の、一四三〇年の事であった。咸吉道《ハムギルド》〔現在の咸鏡道咸興府〕に住む金南連《キム・ナムリョン》という者が、蓼島に行ったことがあるという話をしたのがそのきっかけであった。

世宗は、欝陵島でない新しい島が東海〔日本海〕にあると信じ、江原道と咸吉道の監司に蓼島の正確な位置を調べるように指示し、本格的な捜索作業を開始させた。その後、咸吉道の山や岬から蓼島を見たという人が現れて、蓼島は二つの峰が島のような形をしていて、一つは少し高く、もう一つは少し低くて、さらに大きな峰がもう一つあるなどと報告された〔『世宗実録』巻五〇、世宗一二〔一四三〇〕年一〇月条〕。

この話は蓼島が欝陵島、または独島であることを暗示している。しかし欝陵島や独島を咸吉道から見るのは難しいので、誰かに聞いた話を実際に見たように報告した可能性がある。

その後も襄陽《ヤンヤン》の東の海の中に蓼島があるという報告が朝廷に入ってきた。そして一四三八年には「茂陵島巡審敬差官」に任じられ、茂陵島（＝鬱陵島）からすべての島民たちを連れ帰った実績のある南薈が、三陟の海の中にある蓼島を見たと報告したので、世宗は彼を蓼島捜索敬差官に任命して東海に送り出した。

しかし東海を捜索して戻ってきた南薈は、結局蓼島を見つけることが出来なかったと報告した。そのため世宗は、蓼島という島は存在しないのではないかと考え、蓼島捜索作業を結局断念してしまった。蓼島の捜索を始めて一六年経った一四四五年のことであった。

世宗は蓼島を鬱陵島でない新しく発見された島だと信じ、捜索作業を推し進めた。しかし幾度も捜索したが、蓼島を見つけることはできず、南薈すら捜索に失敗したまま戻ってきたので、世宗は蓼島を見たという南薈等の話が嘘かもしれないと判断して捜索を中断させたのだった。

江原道監司に曰く、「世に伝わること、東海の中に蓼島があるという噂になって久しく、またその（島の）山の形を見たという者も多い。私が二度も官吏を送って探してみたが、見つけることはできなかった。今、甲士《ガプサ》〔朝鮮時代、軍事を五衛に組織したが、その五衛制に属した軍人のこと。〕の崔雲渚《チェ・ウンジョ》曰く、「かつて三陟の烽火峴《ボンファヒョン》に昇って（島を）見たことがあり、その後に茂陵島に向かう途中でもまたこの島を見た」といい、南薈曰く「数年前、洞山縣《ドンサンヒョン》の亭子《ジョンザ》の上から海の真ん中に山があるのを見て、縣吏に聞いてみると山は以前からあったというので、その衙前《アジョン》で一日中見張っていたら、雲の様ではなく本物の山でした」という。私が思うにこの島は海のどこかに必ずあるのだが、島の山が平らで小さく、海の波が空に連らなれば丘にいる者は詳しく見られないのである。（中略）また南薈の話を聞き、一生懸命探すように命じた。しかし南薈は海を全て見たが結局見つけられずに戻ってきたと言う。結局蓼島の話は空虚なものであった。真に海の真ん中にあるのならば、目のある者は皆見えるはずなのに、どうして南薈にだけ見えて他の者には見えないのか。孟孫《メンソン》が南薈の話を軽率に信じてお上に申し上げたので、それは欺瞞と同様である。結局南薈は見つけられなかったので、その話が荒唐無稽なことがさらに明らかになった。

（原文：諭 江原道 監司 世傳東海中有 蓼島久矣 且云見其山形者亦多 予再遣官 求之不得 今甲士 崔雲渚 言 嘗登 三陟 烽火峴 望見 其後因往 茂陵 亦望此島 南薈言 年前在 洞山縣亭上 望見海中有山 質諸其縣吏 答曰 此山 自古有之 使其吏終日候之 曰 非雲氣 實山也 矛謂此島 海中必有之 然島山平微 海浪連天 在岸者未得詳見（中略）且聞南薈之言 悉心尋訪 竝海候望 意未得而還 蓼島 之說妄矣 苟在海中 凡有目者所共見 何獨南薈 得見 而他人不能也 孟孫 輕信南薈之言 遽聞于上 其爲欺 罔一也 意不得 其爲誕妄益明矣）

――『世宗実録』巻一〇九、世宗二七（一四四五）年八月条

こうして世宗は蓼島は存在しないと結論を下した。結局、蓼島事件は今の鬱陵島や独島を見た人々が、それを新しい島であると勘違いして起きた事件であった。新しい島を見つけたと言ってその手柄に対する褒賞を得るために、南薈が虚の報告をした可能性も無いとは言えない。世宗の言葉にはそのようなニュアンスがある。

2　成宗時代の三峯島捜索

成宗《ソンジョン》元年（一四七〇）、朝鮮王朝に、永安道《ヨンアンド》〔朝鮮時代に咸鏡道を指す言葉の一つ〕から三峯島《サムボンド》へ、賦役を免れるために逃亡した人たちがいるという情報が入った。国王の成宗は翌年の一四七一年、三峯島に逃げた人々を連れ戻すように命じた。この情報に登場した三峯島は鬱陵島ではなかった。蓼島事件の時と同様に、鬱陵島等への海路は常に開かれており、海に出れば鬱陵島とは違う島を簡単に区別することができた。そのため成宗は、鬱陵島とは違うと思われる三峯島を本格的に捜索しようと心を決めたのだった。

成宗は一四七二年三月、朴宗元《パク・ジョンウォン》を「三峯島敬差官」に任命して軍服などを下賜しながら、

日本語と女真語の通事（通訳者）を与えた。それは万一、三峯島で日本人や女真族に出会ったときの措置であった。朴宗元たちは四隻の船に分乗して、一四七二年五月に三峯島の捜索に出た。しかし朴宗元の船は三峯島を見つけることができずに漂流し、鬱陵島を遠くに眺めただけで戻ってきてしまった。他の三隻の船は鬱陵島に到着し、鬱陵島を捜査した後に戻ってきた。報告書には世宗の時代から始まった刷還のため、鬱陵島には人が住んでいないという内容が書かれていた。

その後も永安道の住民たちが、船の上から三峯島を見たという情報を朝廷に幾度も提出した。一四七五年五月には、金漢京《キム・ハンギョン》という者をはじめとして、鏡城《ギョンソン》〔現在咸鏡北道鏡城郡にある邑〕の人たちが船で航海した際に三峯島を発見したが、島には七~八人の人たちがいたという報告をした。同年六月には永興《ヨンフン》〔現在咸鏡南道永興郡にある邑〕に住む金自周《キム・ジャジュ》という者が三峯島の近くまで行くと、三〇人余りの朝鮮人たちが白い服を着て島の入り口に立っているのを見たと報告した。金自周は怖くて島に入ることができず、島の形だけを描いて帰ってきたと言った。

その後、成宗は幾度も三峯島を捜索するように命じたが、島までの海路が荒れていたり、史書を読めば三峯島という島は存在しない等の話があったりして、送る者を決めただけで島探しに出発させることができなかった。しかし三峯島に賦役を免れるために逃げた者がいるという情報が提供され、実際に島に住む人々を近くで見たという者が現れた以上、三峯島の島民たちを本土に連れ戻さなければならないという成宗の決心には変わりがなかった。

一四七九年閏一〇月、三峯島への入居を希望する者たちと、親戚が島に住んでいるという者などを中心に、三〇名余りが三峯島捜索のために選抜された。彼らは三隻の船に分かれて乗り組み、本格的な第二次三峯島捜索に出発することとなった。その中には最初に三峯島を見たと言った金漢京も含まれていた。そして彼らは三カ月後に、三峯島から帰って朝廷に報告した。

その後、一四八〇年三月に「三峯島招撫使」に任命された沈安仁《シム・アンイン》が三峯島へ出発するために永安道（咸鏡道）へ向かったが、梅雨に入って出発できなかった。ところで一四八一年一月に永安道観察使の李克墩《イ・グクドン》が成宗に次のように申し立てたのである。

（前略）前回往来した者たちの中で、ある者は「遠くから見た」といい、ある者は「見ることが出来なった」というので、嘘か真か分別できません。今回人を送り探して見て、もし最後までこの島が存在しないということになったら、最初にこれを言い出した金漢京たちに世間を惑わせた罪を問うて極刑に処し、その死体を全ての道に回して多くの民に見せるなら、愚かな民たちも三峯島が存在しないことを知って、互いに扇動して惑わすようなことは自然になくなるはずです。（後略）

――『成宗実録』巻一二五、成宗一二（一四八一）年一月条

永安道観察使は、一四七五年に三峯島に住んでいる者たちを見たといって一四七九年に三カ月間三峯島を捜索した金漢京などを調査した結果、彼らの言うことはつじつまが合わないと指摘した。それで彼は、三峯島の存在そのものが虚である可能性があると疑問を提起したのである。金漢京たちについては引き続き調査が実施され、その結果、三峯島に関する話は虚偽だったことが明らかになった。

三峯島捜索は、金漢京を極刑に処し、彼の娘を奴婢にするということで終了した。三峯島事件は一四八二年二月にこのように終わったのだが、朝鮮王朝は三峯島を捜索するために約一三年の年月を浪費したことになる。

蓼島や三峯島を捜索する間も、朝鮮王朝は鬱陵島やその周辺に幾度も官吏を派遣した。これは朝鮮王朝が、鬱陵島や独島と蓼島・三峯島などを明確に区別して考えていたということを物語っている。

蓼島や三峯島を実際に見たという報告は、鬱陵島や独島を見て新しい島と思い込んだものであったのかもしれない。しかし朝鮮王朝は鬱陵島の北方に焦点を当てて新島を探したので、結局的外れの捜索活動となるしかなかった。幾度も熱心に捜索したにもかかわらず、蓼島や三峯

島が見つからなかったということは、結局それらの島は存在しないということであった。

韓国の東の海には島と言えば鬱陵島と独島、そして日本の隠岐の島しか存在しないため、鬱陵島の周辺水域を除いた捜索活動が徒労に終わったのは当たり前のことであった。ところで問題は、寥島や三峯島の捜索に力を入れすぎて結果的に鬱陵島等の管理がおろそかになったことであった。そのため、一時鬱陵島と独島に関する情報が混乱した時期があった。

3 『新増東国輿地勝覧』に記された于山島と鬱陵島

『新増東国輿地勝覧』とは、もともとは一四八一年に編纂された『東国輿地勝覧』を増補した朝鮮の公式的な地理誌である。そのため『東国輿地勝覧』が韓国最初の公式地理書である。しかし『東国輿地勝覧』が現存しないため、『東国輿地勝覧』の鬱陵島と于山島（独島）の部分がどのように記述されたのか、そしてその記述が『新増東国輿地勝覧』でどのように増補されたのかに関しては、正確な比較が難しい。

しかし『東国輿地勝覧』を引用した他の文献を読むと、『新増東国輿地勝覧』の鬱陵島と于山島の部分の記述内容と一致するため、二つの『輿地勝覧』に収録された鬱陵島と于山島に関する内容はほぼ同一だったと推測される。それでは『新増東国輿地勝覧』の鬱陵島と于山島の記述を実際に読んでみよう。

于山島・鬱陵島

武陵ともいい、羽陵ともいう。二つの島は県の真東の海の中にある。三つの峰はまっすぐ伸びて空に届き、南の峰は少し低い。天気が清明ならば峰の頭の樹木と山の下の砂浜がはっきり見え、順風なら二日で着くことができる。一説に、于山と鬱陵は元々一つの島であり、地方は百里である。

（原文：于山島蔚陵島 一云武陵一云羽陵 二島在縣正東海中 三峯岌撑空 南峰稍卑 風日清明則峯頭樹木 及山根沙渚歴歴可見 風便則二日可到 一説于山鬱陵本一島 地方百里）

――『新増東国輿地勝覧』巻四五、蔚珍県于山島鬱陵島条

このように『新増東国輿地勝覧』では于山島と鬱陵島を二つの島と記述しているが、説明文（注記）に于山島と鬱陵島はもともと「一つの島」という説があると記されている。「一説に」という言葉で鬱陵島と于山島の一島説は、他から聞いた話の形で記された。ところが日本の学者たちは、注記に載った鬱陵島と于山島の「一つの島」という部分を問題視する。つまり韓国では独島に関する正確な知識がなかったと批判するのである。それでは『高麗史』

「地理志」や『世宗実録』「地理志」とは違って、『新増東国輿地勝覧』の注記に、どのような経緯で「一島説」が収録されたのだろうか。

まず考えられる要因としては、当時鬱陵島等に対する空島（無人島）政策がほとんど完璧だったため、実際に人の住んでいない鬱陵島や独島等に関する調査がおろそかになったためである。

『世宗実録』「地理志」に「二つの島は互いに距離は遠くないので、天気が晴れれば充分に眺めることができる」と記されているように、官吏たちが実際に鬱陵島等に行って直接体験した内容として記載されている。しかし『新増東国輿地勝覧』では、二つの島に関する内容が若干曖昧になっている。

『新増東国輿地勝覧』の「三つの峰はまっすぐ伸びて空に届き、南の峰は少し低い」という言及は独島に関する内容とも考えられる。しかし「天気が清明ならば峰の頭の樹木と山の下の砂浜がはっきり見え」るという句を見れば、先に触れた「南の峰」は独島に関する描写ではないことがはっきりする。なぜなら島の峰に樹木があり、海岸に砂浜があるという描写は独島に関するものではなく、鬱陵島を描写したものとしか判断できないためである。そしてその次に続く「順風なら二日で着くことができる」という記述は、本土から鬱陵島までの距離である。このように見ると、『東国輿地勝覧』や『新増東国輿地勝覧』は、鬱陵島と于山島（独島）に関する知識のうち、鬱陵島を中心として記したと考えられる。

ところで一七世紀の末、鬱陵島の帰属をめぐって日朝間に紛争が起こった時、朝鮮王朝は『東国輿地勝覧』に記録された内容を「本土から鬱陵島が見える」と解釈して、鬱陵島が朝鮮領土だという根拠として幾度もその解釈を用いたことがある。当時朝鮮王朝はその解釈に基づき、鬱陵島は朝鮮に属すると主張し、日本はそれを受け入れた。一六九四年に南九萬《ナム・グマン》〔一六二九〜一七一一：朝鮮後期の文官。朝鮮開国功臣南在の後孫であり、西人に属する人物である。〕が対馬の使節に送った書状には、次のように『東国輿地勝覧』に関する話が出てくる。

わが国の江原道蔚珍縣に属する鬱陵島という島は本縣の東海の中にあるが、波が激しくて航路が便利ではないため、何年か前に民たちを本土に送還しその地を空けて、随時使者を送って行き来しながら捜索するように命じた。本島はその峰と樹木が内陸からもはっきり眺められ、およそ山と川の屈曲と地形の広狭及び住民の遺跡と特産物が、すべてわが国の『輿地勝覧』という書籍に載っているので、代々伝わる史跡が明らかである。

——『粛宗実録』巻二七、粛宗二〇（一六九四）年八月条

ここに「本島はその峰と樹木が内陸からもはっきりと眺められ、（中略）すべてわが国の『輿

地勝覧』という書籍に載っている」とされている。すなわち『東国輿地勝覧』に載った内容を例にして、鬱陵島が朝鮮の地だと主張したのである。内陸から鬱陵島の峰と樹木がはっきりと眺められるという内容である。

ところで本土から鬱陵島が見えるという話は、どこから出たのだろうか。本土から島が見えるという話は、まず世宗朝の蓼島捜索の過程で次のように言及された。

今から調査しようとする蓼島は、（中略）人に無時串《ムシゴッ》に行ってもらって、海の中を眺めるように命じた結果、「東と西の二つの峰が島のように見えるが、一つは少し高く、もう一つは少し低い。途中に大きな峰がもう一つあるが、標を立てて測量してみればちょうど南に当たります」という。

（原文：今所訪 蓼島（中略）人往無時串登望海中 有東西二峯如島嶼 一微高 一差小 中有一大峯 立標測之 正當巳午間 遂送闞干京）

――『世宗実録』巻五〇、世宗一二（一四三〇）年一〇月条

この引用文では、本土から蓼島を見たという人が、「東と西の二つの峰が島のように見えるが、一つは少し高く、もう一つは少し低い。途中に大きな峰がもう一つある」と報告したので

ある。これが『新増東国輿地勝覧』の「三つの峰はまっすぐ伸びて空に届き、南の峰は少し低い」という内容と最も似た文章である。そして三峰島を捜索した成宗が「三峰島とは、世宗の時代に捜索した蓼島と同じだ」と、次のように述べたことがある。


三峯島はわが江原道の地境にあるが、土地が肥え、多くの民たちが行って住むため、世宗朝の時代から官吏を送ってこれを探したが、発見できなかった。

（原文：三峯島 在我 江原之境 土地沃鐃 民多往居之故 自世宗朝 遣人尋之 而未得）

――『成宗実録』巻一六、成宗三（一四七二）年三月条

成宗は三峯島について「世宗朝の時代から官吏を送ってこれを探したが、発見できなかった」と述べたのであるが、世宗の時代に発見できなかったのは三峯島ではなく蓼島であった。したがってこの文章は、成宗が三峯島と蓼島を同一視していたことを示している。また金漢京という者が三峯島も本土から見えると、次のように言ったとされる。


金漢京いわく、「慶興《キョンフン》では天気が晴れれば、三峯島を眺めることができる」

（原文：金漢京言 在慶興 遇清明日 可望見三峯島）

――『成宗実録』巻二六、成宗四(一四七三)年一月条

ここで金漢京は、慶興(咸鏡北道慶興郡にある邑)で「天気が晴れれば、三峯島を眺めることができる」と言ったのだが、このような表現も『新増東国輿地勝覧』の内容と通じる。そのため『新増東国輿地勝覧』に収録された于山島と鬱陵島に関する内容は、寥島と三峯島を捜索する過程で得たその二つの島に関する意見、すなわち本土から島を見たという人々の話を総合して作成された文である可能性がある。

一方、日本側は「天気が晴れれば」という言葉が『高麗史』「地理志」と『世宗実録』「地理志」、そして『新増東国輿地勝覧』にすべて現れることを取り上げて、三つの文献で言う「眺めることができる」という言葉の意味をすべて「朝鮮半島から鬱陵島を眺めることができる」という意味に解釈しなければならないと主張する。

しかし、『高麗史』「地理志」と『世宗実録』「地理志」には二つの島が「互いに距離が遠くない」、「天気が晴れれば眺めることができる」と書かれている。ここで「互い(相)」という言葉がはっきり書かれているため、「于山島と鬱陵島は互いに距離が遠くなく、天気が晴れれば互いに眺めることができる」という意味に解釈すべきである。一方『新増東国輿地勝覧』の該当箇所には「互いに(相)」という言葉が書かれていない。

したがって『高麗史』「地理志」と『世宗実録』「地理志」は、鬱陵島から独島を、あるいは独島から鬱陵島を眺めた時に、二つの島が互いに見える位置にあると記述したのであり、『新増東国輿地勝覧』の記述は朝鮮本土を基準として鬱陵島を見る時の記述であると判断される。

このように記述の観点が変わったのは、空島政策、すなわち本土送還政策と関係があったためと思われる。『高麗史』「地理志」と『世宗実録』「地理志」が編纂された時は、まだ鬱陵島等に人が住んでおり、世宗の本土送還政策の影響で鬱陵島等に按撫使〔朝鮮王朝時代、咸鏡北道の鏡城以北の地を治めた官職。〕などを幾度も派遣したため、二つの島に関する情報はかなり具体的になっていたのである。

しかし『新増東国輿地勝覧』が編纂された時は島民の本土送還政策が事実上終わり、鬱陵島等に島民はいなかったため、官吏の派遣そのものが多くはなかった。そのため本土から二つの島を眺めたという観点で書いたものと思われる。

それでは本土から二つの島を眺めることができるのだろうか。結論から言うと、天気が晴れれば本土から鬱陵島は見えるが、独島は見えない。そのため『新増東国輿地勝覧』の記述は鬱陵島に関する記述だと判断するしかない。于山島という名前が書かれているが、その説明はないのである。

独島の姿：独島は角度によって三つの峯がある島に見える。

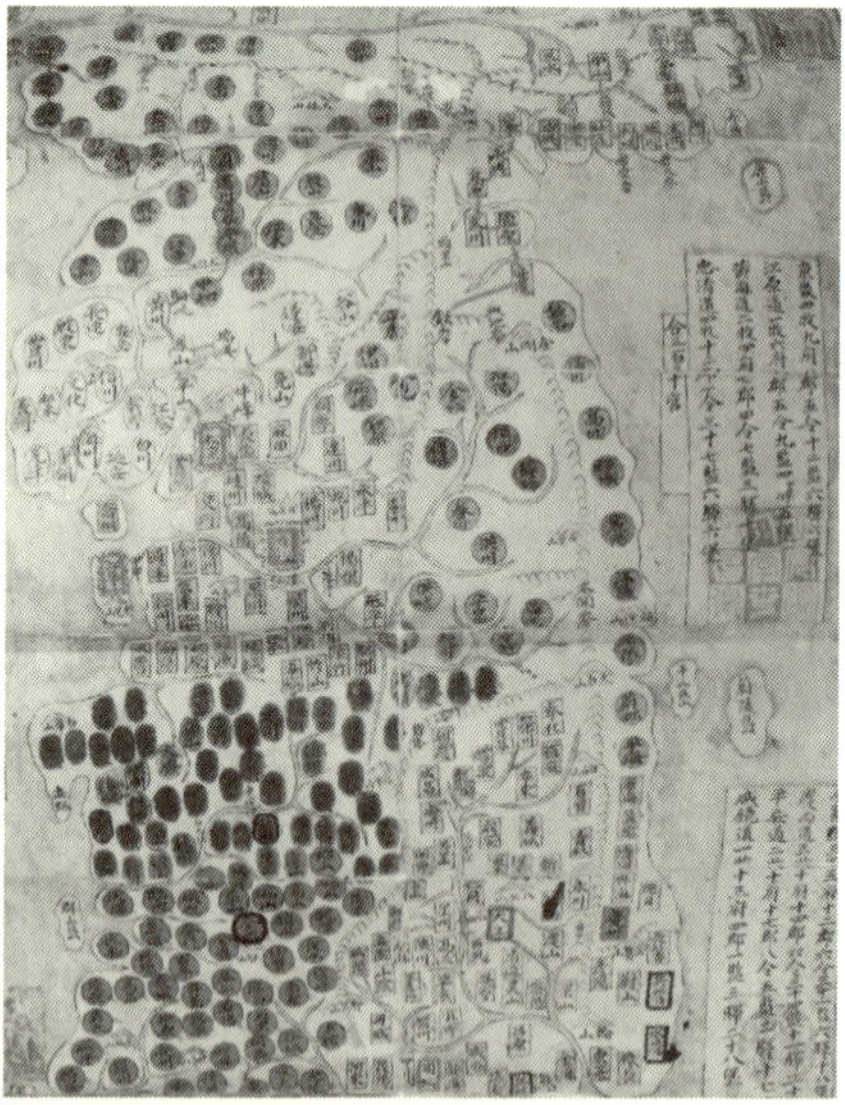

海東《ヘドン》地図：英祖《ヨンジョ》の時（18 世紀前半）に製作された地図だが、八道総図の影響で于山島と鬱陵島の位置が間違っている。
（韓国国立中央図書館蔵）

ところで『新増東国輿地勝覧』に挿入された「八道総図」には、于山島と鬱陵島が描かれている。付図に二つの島が明確に表示されたことから「一説に于山と鬱陵は本来一つの島」という記述を、それほど重要に受け入れる必要はないようである。しかし付図には二島の位置が間違って描写されている。これは『高麗史』と『朝鮮王朝実録』（初代朝鮮王である太祖（在位：一三九二～一三九八）の時代から、第二五代の王である哲宗（在位：一八四九～一八六三）の時代までの四七二年間の歴史を記録した史書）、それから各種「地理志」などに、于山島と鬱陵島の位置が正確に記載されていなかったからである。

世宗の時代にきちんと整理された二つの島に関する情報は、前述の通り一五世紀後半に若干不明瞭になった。しかし基本的に朝鮮の東の海に二つの島があるという朝鮮王朝の立場には大きな変化はなかった。

4　一五世紀後半から一六世紀末までの日本と朝鮮

『新増東国輿地勝覧』は一五三一年に編纂された。しかし『新増東国輿地勝覧』の基となった『東国輿地勝覧』は成宗時代の一四八一年に完成された。

ところで当時の朝鮮には政治的に大きな変化が起こった。一四七九年、成宗の后である尹《ユン》氏は淑儀嚴氏と昭容鄭氏を呪い殺そうとした疑いで廃姫となり、一四八二年には成宗が下した毒薬を飲んで死亡した。廃妃となった尹氏は燕山君《ヨンサングン》の母親である。『東国輿地勝覧』が編纂された頃の成宗は、廃妃尹氏の事件で大変心を痛めていたと推察される。しかしこのような中でも成宗は一四八五年、朝鮮時代の法典の基となった『経国大典』を完成し、頒布した。その後成宗は一四九四年に病のため三七歳の若さで亡くなった。

成宗に次いで即位した燕山君は、母親尹氏を廃妃とした勢力に対する復讐などで国政を台無しにしたため、一五〇九年に王位から廃されるまで鬱陵島等に関する捜索はまともに行われなかった。

一四一九年に対馬の倭寇を攻撃した後、世宗は日本（特に対馬）との貿易を許可し、三浦《サンポ》を開港することにした。三浦とは釜山浦（釜山）、鹽浦（蔚山《ウルサン》）、薺浦（鎮海《チンヘ》）を言うが、この三浦には多い時は一万人を超える日本人が居住していた。朝鮮では三浦に定住する日本人を「恒居倭人」と呼んだ。

三浦では和風の居酒屋や和風豆腐屋などが営業を始めた。一四四三年には対馬から三浦に出入りする日本の貿易船の数を年間五〇隻に制限したが、実際は年間最大四〇〇隻にも達する日本の貿易船が三浦に出入りしていた。このように三浦には日本人町が出来て、日朝貿易が盛んになった。世宗の統治時代から中宗朝の初めに至るまで三浦では繁栄が続いていた。

しかし恒居倭人の数が増えて朝鮮の地を占有し、経済的に日本人が朝鮮の脅威になると、燕山君に次いで即位した中宗《チュンジョン》の時代には日本人に対する特権を制限するようになった。これに反発した日本人たちは対馬から支援を受けて、一五一〇年に反乱を起こした。結果的にこの反乱は鎮圧され、三浦繁栄の約一〇〇年間の歴史は幕を閉じることとなった。

一方、燕山君の時代から中宗、仁宗の時代を経て明宗元（一五四五）年まで、多くの士林〔元は山林で儒学を勉強する文人や学者を意味するが、ここでは一五世紀以降に現れた朝鮮の新進政治勢力「士林派」を指す。〕たちが犠牲になった四大士禍〔士林と対立した既得権勢力が「勲旧派」であり、士禍とは勲旧派が士林派を弾圧した事件。〕と呼ばれる大獄事件が起こった。また燕山君が失脚した後、中宗、仁宗、明宗は王であっても皆権力を持てず、側近や王后勢力が朝鮮の政治を牛耳った。

当時、日本でも変化が激しく内乱によって室町幕府が有名無実化して、一五世紀末からは各地の領主が群雄割拠する戦国時代となった。各地の領主が戦国大名になって、自分の領地でだけ通用する分国法を施行し、その領地を統治した。そして領地を拡大して家臣たちに分け与えるのが当時のしきたりであったために、戦争が絶えなかった。このような戦国時代に終止符を打とうとした人物が織田《おだ》信長《のぶなが》だったが、彼は側近だった明智《あけち》光秀《みつひで》によって暗殺された。その後、光秀を討った豊臣秀吉が日本を統一した。

一四二八年、世宗の時代に初めて日本に派遣された朝鮮通信使は、一四三九年と一四四三年にも日本に派遣された。成宗の時代となった一四五九年と一四七九年にも朝鮮通信使の派遣が検討されたが、実行はされなかった。その後、一五九〇年まで約一五〇年間、朝鮮通信使は日本に足を踏み入れることはなかった。室町幕府が日本を統治できず、戦国時代に入っていったからである。

そのため成宗から宣祖の時代まで、王朝と幕府という政府レベルでの日朝関係は活発ではなく、一時的に対馬を通じた制限的な三浦貿易が栄えただけだった。当時鬱陵島は人の住まない島だったため、朝鮮が島民の送還政策を実行する必要はなかった。したがって朝鮮王朝は一五一一年以来、約一八〇年間にわたって鬱陵島等に官吏を派遣しなかった。日本内でも内乱が激化して戦国時代を迎えたため、鬱陵島等に関心を持つ余裕はなかった。

その後、明宗の次に即位した宣祖の時代に秀吉の朝鮮侵略、即ち文禄《ぶんろく》の役が起こった。約一五〇年間、政府間の公的交流のなかった日朝関係は、不幸にも日本の侵略によって再開することとなった。しかし文禄・慶長《けいちょう》の役の時も鬱陵島等は戦乱に巻き込まれなかった。日本軍は九州から対馬を経て釜山に上陸するというルートで朝鮮に侵攻したためである。日本軍は鬱陵島等を占領して、そこから朝鮮を侵略することは考えなかった。

一方、一五一〇年の三浦《サンポ》倭乱をきっかけにして日本人居住地であった三浦は廃止されたが、対馬が懇願したため一五一二年に壬申約条を結んで日朝間の貿易は縮小されたものの再開された。当時の朝鮮の対日政策は、倭寇を退治することを中心に組まれた政策であった。

それが功を奏して、一五一二年から約三〇年間は朝鮮に大規模な倭寇の侵入はなかったが、一五四四年に二〇隻余りの倭船が慶尚南道統営《トンヨン》市遠梁面鎮里にある蛇梁鎮《サリャンジン》に侵入して人々を拉致し、馬などを略奪するという事件が起きた。当時は中宗から仁宗に王位が継承された時期だったが、朝廷では蛇梁鎮の倭変をきっかけにして壬申約条を廃棄し、日本人の朝鮮への往来を全面禁止するに至った。

その約一〇年後の一五五五年に、倭寇が七〇隻余りの船団を率いて全羅南道の沿岸地域を襲った。倭寇はまず霊岩《ヨンアム》の達梁城《タルリャンソン》と於蘭浦《オランポ》、珍島の金甲《クムガプ》と南桃《ナムド》などの砦を燃やした後に、長《チャン》興《フン》と康津《カンジン》に侵入した。

これに対し朝鮮王朝は素早く対応し、倭寇討伐に成功した。この事件を乙卯《ウルミョ》倭変《（わへん）》という。その後対馬島主は乙卯倭変に加担した倭寇たちの首を切り、朝鮮に送って謝罪しながら貿易船（歳遣船）の復活を重ねて要請した。歳遣船とは朝鮮での貿易を許された対馬の船舶のことで、朝鮮王朝は年間二五隻のみ歳遣船を許可した。

その後、朝鮮への倭寇の大規模な侵入はなかったが、約四〇年後に文禄の役が起った。いわば文禄・慶長の役は、秀吉の日本政権全体が倭寇となって朝鮮を侵略した事件であった。

『中宗実録』には、一五一一年に鬱陵島等を巡察したという記録がある。しかしその後一七世紀末まで、朝鮮の記録の中に鬱陵島等に対する巡回や巡察の記録は見あたらない。このように一五一二年から一七世紀末（一六九四）まで朝鮮王朝は約一八〇年にわたって鬱陵島等に官吏を派遣しなかった。もちろん、朝鮮の鬱陵島無人島政策は続いていた。朝鮮はその期間でも対馬を通して鬱陵島が朝鮮の地であることは日本に伝えていた。ところで朝鮮側が鬱陵島問題について態度を改めなければならない事件が起こった。それは鬱陵島で日本と朝鮮の漁民たちが遭遇して起こった事件であった。

【コラム3】『新増東国輿地勝覧』の「八道総図」

これは『東国輿地勝覧』と『新増東国輿地勝覧』に付図として収録された八道総図であり、東海に于山島と鬱陵島が表示されている。『東国輿地勝覧』と『新増東国輿地勝覧』の説明文には于山島と鬱陵島の一島説が載っているが、この付図を見ると、朝鮮は実際に于山島と鬱陵島を二つの島として認識していたことが分かる。前述したように、于山島（独島）と鬱陵島の位置が間違っている。しかし一七世紀の末に朝鮮王朝は、日本との鬱陵島紛争を経験しながらこの間違いを正すに至ったのである。

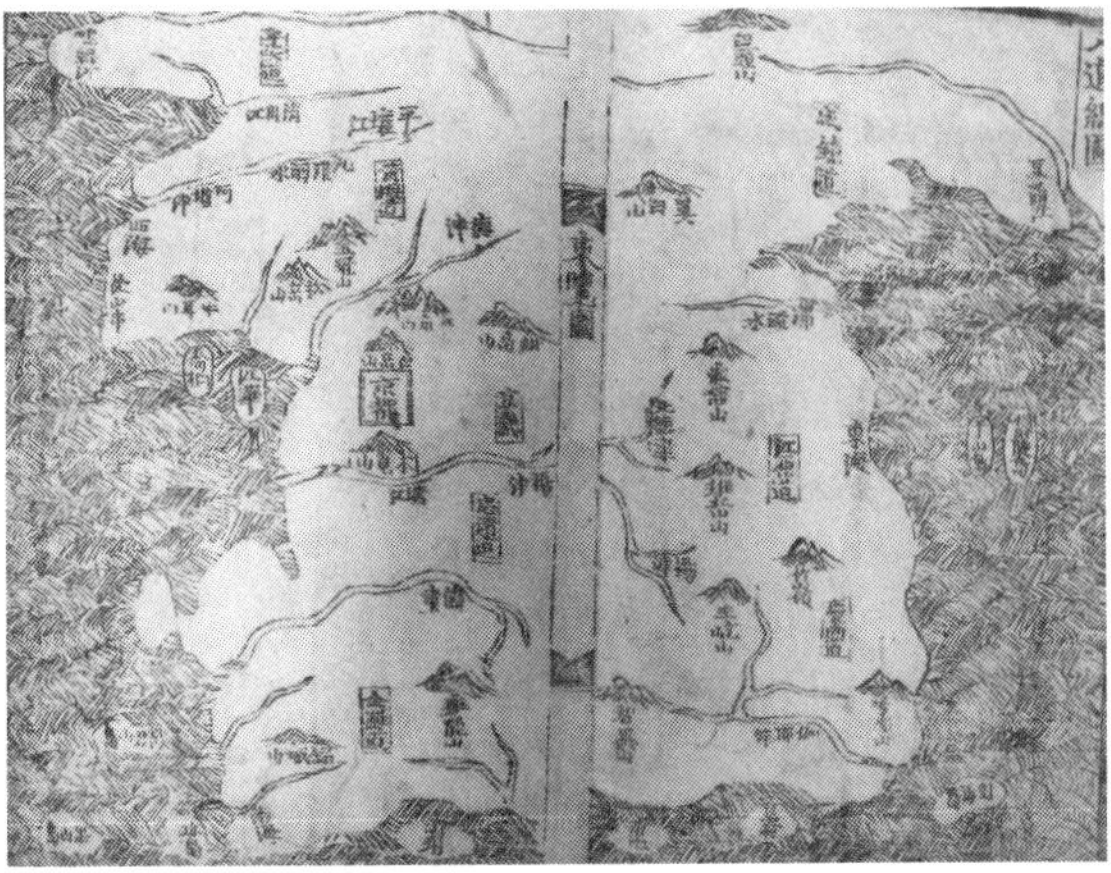

八道総図（ソウル大学奎章閣《キュジャンカク》蔵）

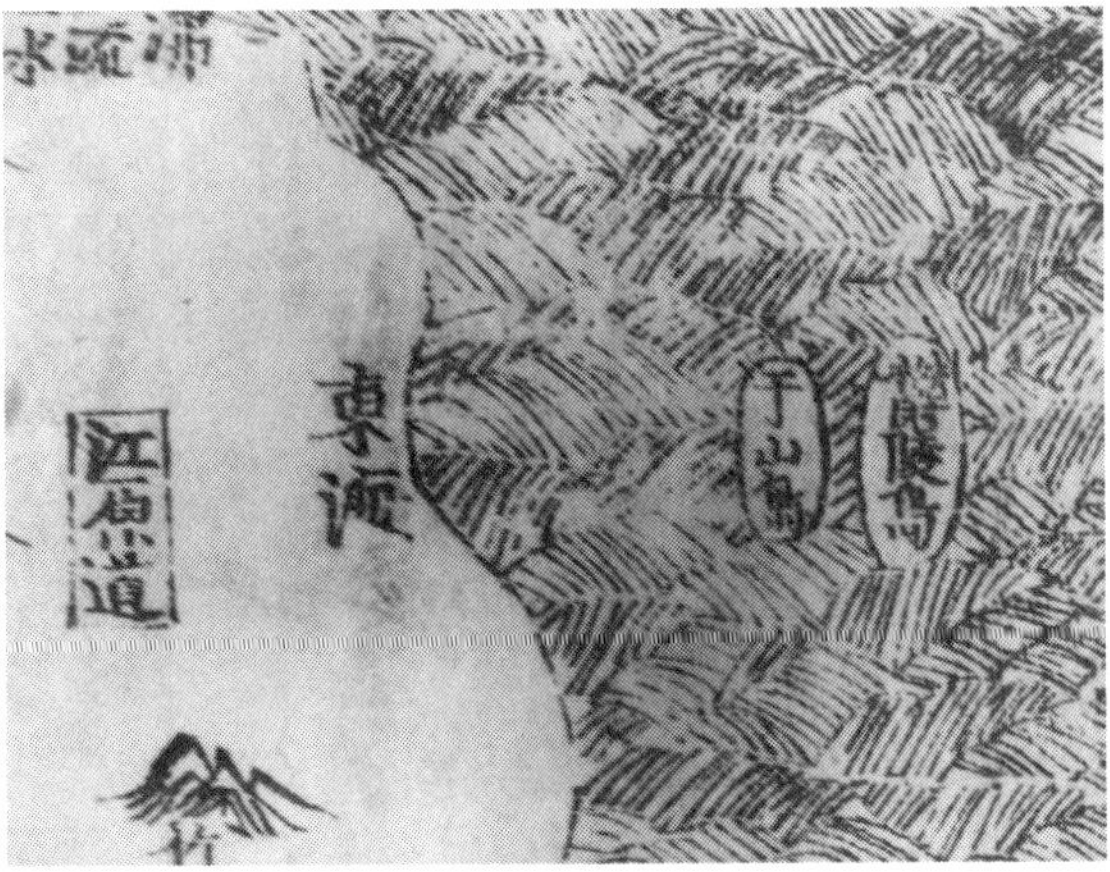

八道総図の于山島、鬱陵島部分の拡大図：
于山島（独島）が鬱陵島の西に描かれている。

第四章　江戸幕府と鬱陵島への渡海免許

日本は韓国の東海に独島が存在することをいつから知っていたのだろうか。現在の日本学会ではその時期を一七世紀半ばと主張する。その頃、鳥取藩の漁民が鬱陵島と独島を往来していたのだが、当時の日本で独島は松島と呼ばれていた。現在の日本人たちは独島を竹島と呼んでいるが、歴史的にみると竹島とは元は鬱陵島の日本名であった。

それでは日本人たちはなぜ、松島と呼んでいた独島を鬱陵島の名であった竹島と呼ぶようになったのか。

一九〇五年、日本は独島を島根県に編入し、竹島と名づけた。なぜかというと一九世紀後半まで鬱陵島と独島は朝鮮の領土として認識されていたので、日本人たちは二つの島に対する関心がなかったためである。その結果過去の名称を忘れ、二つの島の名称を混同するようになった。この過程で独島の日本名だった松島は一時鬱陵島の名称となってしまい、竹島という名前に当たる島は存在しなくなった。

結局、独島の日本名だった松島が鬱陵島の日本名になってしまったのである。そのため日本人たちは独島の名称を一時、フランスの捕鯨船リアンクール号が一八四九年に命名した「リアンクール岩礁（Liancourt Rocks）」とした。「リアンクール」というフランス語は、日本では「リヤンコルト」などと記載された。それで当時、一般的にはその名称を略して「リャンコ島」「ヤンコ島」などと呼んだりした。当時日本で独島を示す日本名がなかったという事実は、独島が日本の固有領土という日本の主張が偽りであることを裏付けている。

ところで実際には竹や松がほとんど生えていない独島を、日本人はなぜ松島や竹島と名づけたのだろうか。

それは、日本人たちが名付けた鬱陵島の名前であった「竹島」から理解される。日本人たちは鬱陵島に竹が多いので、まず鬱陵島を「竹島」と名付けた。そして独島には松が生えていたというよりも鬱陵島の隣にあるため、松竹梅の概念から「松島」と名付けたと推測される。「松竹梅」は韓国でも日本でも古くから吉の象徴である。それで日本では正月には玄関の前に竹と松で作った「門松」を飾る習慣がある。このように縁起のいい島としても日本人は鬱陵島を竹島、独島を松島を呼んだのだろう。

しかし一六世紀までは鬱陵島と独島にあまり興味を見せなかった日本人たちが、一七世紀に入ってからなぜ突然二つの島に欲を持ち始めたのだろうか。この章はその話から始まる。

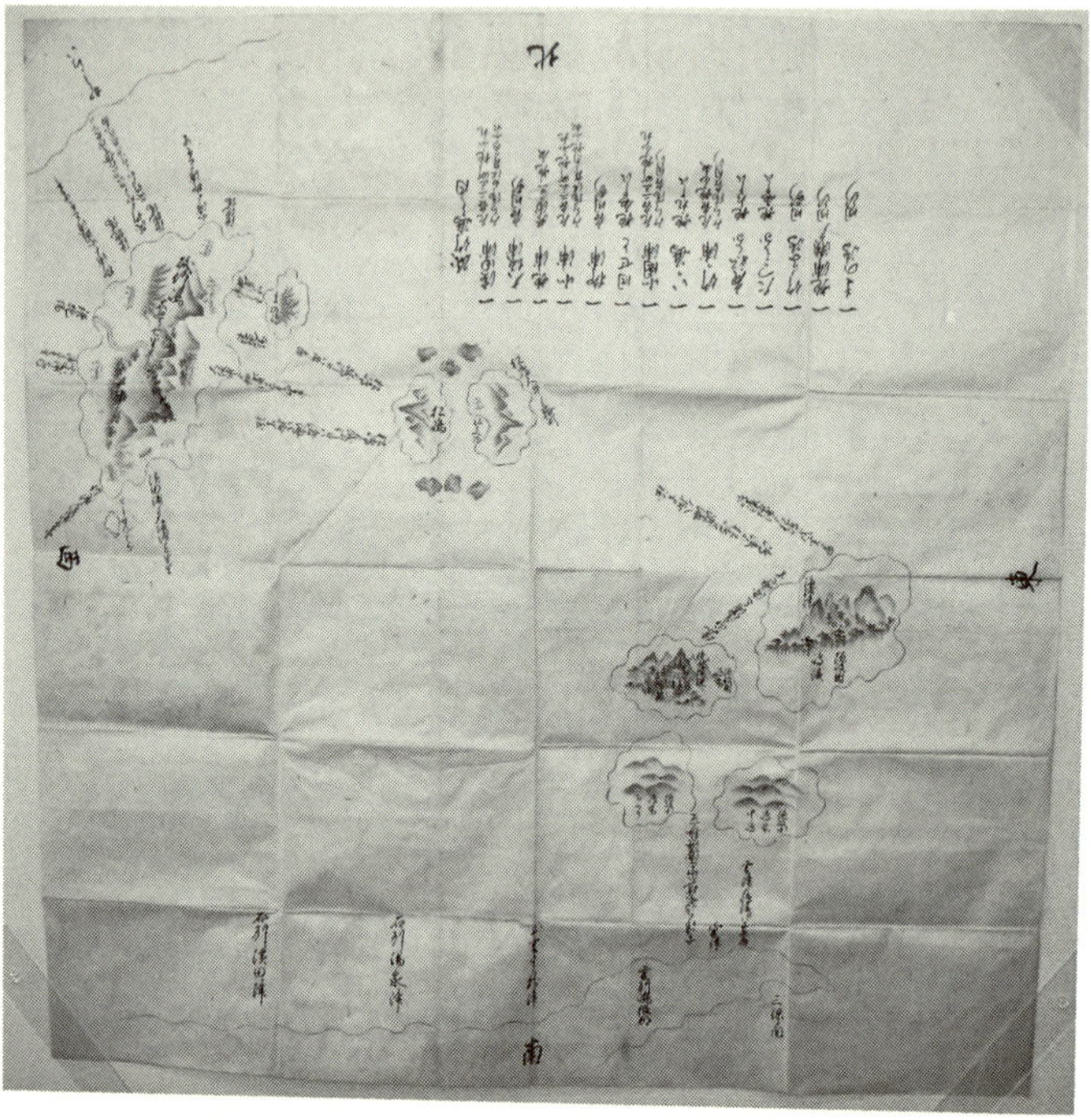

1695年、幕府に提出した竹島松島の絵図：左から竹島（鬱陵島）、松島（独島）、隠岐の島（四つの群島）
（鳥取県立博物館蔵）

1　鬱陵島（竹島）への渡海免許

日本政府は現在、日本は遅くとも一七世紀半ばまでに独島に対する領有権を確立していたと主張している。韓国は日本のこのような発言に断固として抗議している。日本のこのような主張こそ、歴史的な事実を全く無視した妄言と言わざるを得ないと韓国は主張している。それでは日本の主張のように、一七世紀の日本の公文書には、日本が独島を領有したという証拠が明記されているのだろうか。

日本は、自国の独島領有権主張にはすべて根拠があると言う。日本は、日本の西に位置し、韓国の東海に接した鳥取藩の漁夫たちが一七世紀に鬱陵島と独島を往来したのは、日本が韓国よりも先に独島を実効支配した証拠だと主張している。

ところで当時、鳥取藩の伯耆の国米子〔現在の鳥取県西部の中心をなす都市〕の商人だった大谷《おおや》甚吉《じんきち》と村川《むらかわ》市兵衛《いちべえ》が、江戸幕府から許可を得て、一六一八年または一六二五年に「竹島（鬱陵島）渡海免許」を受けたと日本側は主張する。

韓国の学者たちは日本の竹島渡海免許とは、「日本から外国に行くときに発行する免許」と主張してきた。つまり江戸幕府は、鬱陵島と独島を朝鮮領土と認めて渡海免許を出したのだと主張する。

このような主張に対し日本は、遠く離れた自国の島へ行く時も幕府は渡海免許を発行したと主張してきた。つまり、江戸幕府が鬱陵島と独島を日本領土と考えて渡海免許を出したと主張しているのである。しかし鬱陵島と独島以外の日本の離島に対して、江戸幕府が渡海免許を出したという事例はない。未だに日本の学者たちはその事例を提示できないでいる。

日本から遠く離れた離島の例を見てみると、鬱陵島と独島だけではなく、東京の南南東の約一〇〇〇キロメートルの距離に小笠原諸島がある。隠岐の島から独島までは一五七キロメートル、隠岐の島から鬱陵島までは約二四〇キロメートルなので、鬱陵島や独島より小笠原諸島の方が日本からはるかに遠く離れている。小笠原諸島に日本人たちが渡海したときには、どのような資格で渡海したのかを調べてみよう。

一六七〇年に近畿地方の蜜柑船が小笠原諸島の中の一つ、母島に漂着した。船員たちは日本に生還した後、幕府に小笠原の島々の存在を報告した。その後江戸幕府は一六七五年に漂流民たちの報告に基づいて調査船を派遣し、小笠原諸島を調査した。調査が終わった後、幕府の官吏たちは島に「この島は大日本の内にある（此島大日本之内也）」という木碑を建てた。日本が無人島を占領する時は、江戸時代も現在と同じように「島を発見した後、政府調査船を派遣して日本領土に編入する」という手続きを踏んだ。

しかし鬱陵島、すなわち当時の竹島に対する幕府の態度はまったく違ったのである。江戸幕府は竹島（鬱陵島）を日本領土として確認するどころか、その前の段階である調査船すら派遣しなかった。その理由は竹島が新しく発見された島ではなかったからである。つまり当時江戸幕府は、竹島（鬱陵島）を日本の領土と考えたのではなかったという結論になる。一六二〇年、鬱陵島に住んでいた弥左衛門親子を、江戸幕府が対馬藩に命じて捕えたことがある。すなわち江戸幕府は鬱陵島は朝鮮領だとはっきり知っていたのである。

結局江戸幕府は、竹島が朝鮮の鬱陵島であることをよく知っていたので、調査船すら派遣しなかったし、日本の領土として正式に確認することもなかった。ただ、渡海免許を発行しただけである。それは鬱陵島で朝鮮人に遭った時、船で鬱陵島に入った日本人たちが「倭寇でなく良民」ということを認めてもらうパスポートのようなものだった。しかしそれは、最初から問題のある渡海免許だった。その内容を見る前に、ここで一旦、日本側の主張を調べてみよう。

大谷、村川両家が江戸幕府から竹島（鬱陵島）を拝領し、その後鬱陵島と松島（独島）を賜った。それ以降この二つの島を独占的に「経営」したので、これがまさに実行支配の証拠であり、今日の竹島（独島）が日本の領土だという証拠となる。

一六九六年一月江戸幕府が鬱陵島への渡航を禁じた時も幕府は竹島（独島）への渡航を

禁じなかった。

――川上健三『竹島の歴史地理学的研究』（一九六六年）

つまり日本側は、一七世紀の末に江戸幕府は鬱陵島に対しては朝鮮領と認めて渡海を禁止したが、独島に対しては日本からの渡海を禁止したことはなかったので、日本は現在まで独島を領有しているのだと主張しているわけである。果たしてこの日本の主張は客観的な主張なのだろうか。

この疑問を解くためにまず、日本の鬱陵島への渡海免許はどのような形で発行されたのかを見る必要がある。

『竹島渡海由来抜書控』『大谷家由緒実記』等、一八世紀に作成された大谷家の古文書によると、鳥取の米子で回船業に従事していた大谷甚吉は、一六一七年に越後（現在の新潟県）より米子へ帰る際に、嵐に巻き込まれて鬱陵島に漂着した。大谷甚吉がこの島を踏査したところ、無人島ではあるが天然資源の豊富な島であることが分かった。彼は、鬱陵島に渡って事業を開始することを思い立った。

さて、一六一八年七月に幕府将軍の外戚である松平《まつだいら》新太郎《しんたろう》光政《みつひさ》は、鳥取藩の伯耆・因幡両国を合わせて幕府から三二万石を賜り、改めて鳥取藩の新藩主として鳥取城の城主となった。

その後、彼が江戸から鳥取藩に下っていくまで、幕府の官吏である阿倍《あべ》四郎《しろう》五郎《ごろう》が先に鳥取藩に下って鳥取城を守ることとなった。それで大谷甚吉は、阿倍四郎五郎と近い関係にある村川市兵衛と共に、阿倍四郎五郎に会って竹島（鬱陵島）の状況を説明し、幕府より渡海免許が得られるように斡旋を頼み込んだ。

大谷らとしては鬱陵島を新しく発見した無人島と考えたのだろう。しかしこの時、江戸幕府は鬱陵島を日本領土と考えたのではない。なぜなら前述した通り、一六二〇年に幕府は鬱陵島を朝鮮領と認め、鬱陵島に不法居住していた弥左衛門親子を捕えていたからである。

その後、仲介に入った阿倍の努力により幕府は新藩主を通して大谷・村川両家に「鬱陵島（竹島）渡海免許」が明記された次のような奉書を下した。

> 昨年、伯耆の国米子から竹島（鬱陵島）に渡海なされたたことで、今回、渡海の件と米子の商人である村川市兵衛・大谷甚吉の要請した件に関しては、上様も聞こし召して異議のないということで、渡海の件に関し彼らの思い通りにさせることと仰せ付けられました。謹んで申し上げます。五月一六日
>
> （原文：従伯耆國米子竹島江先年船相渡之由に候　然者如其今度致渡海度之段米子町人村川市兵衛大屋甚吉申上付而達上聞候之處不可有異儀之旨被仰出候間　被得其意渡海之儀可

被仰付候 恐々 謹言 五月一六日（永井信濃守 井上主計守 土井大炊頭 酒井雅樂頭 松平新太郎殿））

——川上健三『竹島の歴史地理学的研究』（一九六六年、七二頁）

このようにして両家は毎年交互に鬱陵島へ渡海し、アワビの採取、トドの捕獲、竹の伐採等に従事するようになった。そして毎回漁獲したアワビを串刺しにして、将軍家と幕閣たちに献上した。

ところで、日本人たちが鬱陵島に往来し始めたことを当時の朝鮮王朝は知らなかったのだろうか。一六二〇年代から一六九三年まで日本人たちが鬱陵島へ渡海していた時、朝鮮は鬱陵島へ行って調査や管理を行ったのだろうか。

『朝鮮王朝実録』には、朝廷が一五一一年を最後に一七世紀末まで鬱陵島へ官吏を派遣したという記録がない。これは前述の通り、約一八〇年間も鬱陵島へ官吏を遣わさずに、管理を怠っていたということなのだろうか。

2　朝鮮の無人島への渡海を許可した渡海免許

当時の状況から見ると、一五世紀後半から一六世紀後半まで、日本は戦国時代となり約一〇〇年間、内乱状態であった。そのため倭寇の他には朝鮮を脅かす日本の勢力はなかった。その倭寇も一六世紀に二度大きな侵攻を起こしただけで、勢力は弱まっていった。それで朝鮮王朝は、対馬周辺の倭寇さえきちんと取り締まっていれば、倭寇が特に鬱陵島に侵入することはないと判断したのだろう。

その後、一六世紀末の文禄・慶長の役が終わり、一六〇三年から始まった江戸時代には江戸幕府が全国を統治し、倭寇に対する取り締まりも強化された。そのため朝鮮の東海の治安は、より安定した状態となった。

また一六一四年には釜山東来府と対馬藩の間で、朝鮮領である竹島（鬱陵島）への日本人の渡航や居住を禁じることが再確認された。これを見ると鬱陵島が朝鮮領であるということは、日本と朝鮮が随時確認していた事項であったことが分かる。

また一六一四年には対馬島主が朝鮮王朝に、鬱陵島に移り住みたいとの書契を送ってきた。朝鮮では光海君《クァンヘグン》の時代であった。

備辺司《ビヨンサ》〔朝鮮時代に国の事務、裁判などを担当した官庁。〕が申し上げました、「鬱陵島への倭寇の往来を禁止せよということで先日礼曹《イェジョ》〔高麗・朝鮮時代に国の政務を管掌した六曹の一つ。外交や教育、宮中の祭礼などの業務を担当した。〕の書契を通し道理に基づいて返答いたしました。ところで未だに対馬の倭寇（＝対馬の住民）が鬱陵島に来て暮らしたい、と

（島主が）書契を送ってきたので大変驚きました。本島が我が国に属することは『東国輿地勝覧』に記録されており、特産物を徴収したり、島民を調査・整理したことについては古典にもはっきり記録されております。これらの内容を整えて回答した方が、義理に基づいて深く叱咤しながら悪賢い企みを防ぐのにより有益であると判断いたしました。慶尚（朝鮮の東南側を指す地名。）監査と釜山の邊臣に公文書を送って、対馬から渡ってきた船に特に諭示したところ、この公文書を受けて（彼らは）すぐに（対馬）島主に報告し、朝廷の禁約を遵守するようにと言い付けたところ、（島主は）それに従いました。

（原文：備邊司啓日　欝陵島禁止　倭奴來去之意　前日禮曹書啓中　已爲據理回諭矣　今者島倭猶欲來居欝陵島　又送書契　殊爲可駭　本島之屬於我國　在輿地勝覧　或收方物　或刷島民　明有典故　將此事節　具載於回答書契之中據義切責　以社奸猾之計　似爲便益　移文于　慶尙　監司釜山　邊臣　諭來舡　專齎此書　作速歸報島主　遵朝廷禁約　從之）

——『光海君日記』巻八二、光海君六（一六一四）年九月条

朝鮮王朝は島民を欝陵島に住ませて欲しいという対馬島主の書契を読み、欝陵島が朝鮮の地であることは『東国輿地勝覧』にも記載されているので、両国朝廷の禁約を遵守してほしい、と対馬島主の要請をきっぱりと断った。

これらの事件を見れば、江戸幕府が鬱陵島を朝鮮領と認めていたことがはっきりする。このような記録から『朝鮮王朝実録』に約一八〇年にわたって朝鮮官吏たちの鬱陵島渡航記録がないといっても、朝鮮が鬱陵島等をまったく管理していなかったとは言えない。朝鮮は、常に鬱陵島は自国の領土だと日本に言明してきたので、日本はそれを十分認識していたのである。

そして鬱陵島が朝鮮領であることは、鳥取藩の日本人たちが鬱陵島への渡航を始めた後にも再確認されている。一六三七年に村川家の船が鬱陵島から鳥取へ帰る途中で漂流し、朝鮮の蔚珍に漂着した。その時、釜山倭館〔朝鮮時代に朝鮮に渡航する日本人、特に対馬藩の人間のために設けられた館で、そこでは外交業務や貿易などが行われ、宿泊も可能だった。〕に在住していた対馬官吏が収拾に携わったが、彼は日本人の鬱陵島への渡航は幕府により禁止されているということを確認している。その約三〇年後の一六六六年に大谷家の船が朝鮮半島に漂着した際にも対馬の官吏は同じ話をしている（池内敏『大君外交と「武威」』二〇〇六年、一五〇頁）。

それでは鬱陵島を朝鮮領と知っていた江戸幕府が、なぜ大谷・村川両家に鬱陵島への渡海免許を発行したのだろうか。この質問に対する最も合理的な回答は、一七世紀初めに江戸幕府は朝鮮領である鬱陵島へ渡航できるよう鳥取藩の両家に対して外国への渡海免許を発行したという解釈である。

つまり鬱陵島への渡海免許は、朝鮮の鬱陵島との貿易を許可する朱印状と同じようなものであった。幕府は自国民に、朝鮮に属した鬱陵島と貿易できるよう許可証を与えたという解釈が最も妥当である。また、幕府は鬱陵島が無人島であったとしても、朝鮮人が島に来る可能性もあるので、そのときの対処のために正式な海外への渡海免許を発行したのであろう。

隠岐の島の見聞録を記した出雲の官撰書『隠州視聴合記』（一六六七年刊行）には、一六三七年に村川家の船舶が朝鮮に漂着したことを次のように記録した。

> 伯耆の国の大商人である村川氏が官から朱印を賜り大船で磯竹島（竹島、鬱陵島）に至った。しかし嵐に見舞われ高麗（朝鮮）へ流された。
> （原文：伯耆國之大賣村川氏自官賜朱印致大船於磯竹島遇颱風落高麗）
>
> ――『隠州視聴合記』

この記録によると、鳥取の商人村川家の船が鬱陵島から鳥取への帰り道に嵐に見舞われ朝鮮に漂着したのだが、その船は朱印船だったという。

朱印状とは江戸幕府が倭寇を抑えるため、主に東南アジアやヨーロッパへ入港する日本の船舶に持たせた貿易許可証である。他国はその朱印状を確認して、日本の船舶が倭寇ではない日本の正式な貿易船であると確認したのである。赤い判子が押されていたので、それを朱印といった。当時江戸幕府は、各地の領主たちと大商人たちに朱印状を賜って、外国との摩擦を避けようと考えたのである。

このような江戸時代の朱印状貿易は一六〇四年に始まり、一六三五年に幕を下ろした。それは一六三五年に江戸幕府の鎖国政策が確定して、朱印状貿易が禁止されたからである。

しかし中国と朝鮮では事情が違った。当時の中国は日本船舶の入港そのものを禁止していたので、中国船は日本の長崎へ入港できたのに、日本船は中国へ行けなかった。そのため、江戸幕府が中国向けの朱印状を発行することはなかった。

また朝鮮との貿易は、対馬藩が江戸幕府から一任されて推進していたので、朱印状貿易制度が適用されなかった。このような事情から考えてみると、鳥取藩の大商人たちの鬱陵島への渡海はかなり変則的な例であった。実際には鬱陵島への渡海免許に朱印は押されておらず、江戸幕府が許可したという内容だけが書かれていた。このような事実から鬱陵島への渡海免許そのものが正式なものではなく、鳥取藩と江戸幕府の老中たちの間で密かに決められた鬱陵島行きの非公式の渡海許可証だった可能性が大きいのである。

朝鮮王朝の政策で鬱陵島が無人島となったことについては、江戸幕府も対馬藩を通じてよく知っていた。一六一七年に大谷甚吉が鬱陵島に漂着した際、彼は島中を歩き回り、人が住んでいないことを確認した。その後、藩と幕府の仲介役をしていた幕府の官吏阿倍四郎五郎はこれを聞き、幕府に報告した。ところが幕府は小笠原諸島を発見した時とは違って鬱陵島へ幕府の調査船を送らずに、商人たちの渡海を許可しただけであった。それは鬱陵島を朝鮮領土と認めていたという証拠である。

幕府は朝鮮領である鬱陵島へ鳥取藩の船を貿易船の形で送ったが、その裏には鬱陵島で何をしようが鳥取藩の責任でやれ、という意味が含まれていたと考えられる。対馬藩は釜山の東萊府を出入りしながら、鬱陵島（竹島）が朝鮮領であることは十分知っていたし、鳥取藩の鬱陵島への渡海についても途中で知るようになった。

当時の制度によって各藩の藩主たちは江戸でも互いに会う機会が多かったので、彼らは対馬藩主から朝鮮との通交について聞く機会があったと推察される。結局江戸幕府は自国の商船に朝鮮の無人島へ行く免許を発行し、鬱陵島は朝鮮領だが無人島のため、万が一に備えて渡海免許を発行しておくのがよいと判断したものと結論できるのである。

3　江戸幕府と鳥取藩の癒着関係

江戸幕府が鬱陵島への渡海免許を発行した頃、江戸幕府では「贈り物政治」という賄賂政治が横行していた。幕府の将軍補佐役の老中〔江戸幕府の将軍の直属で行政事務を担当した最高の責任者。〕たちは実質的に幕府の行政を合議制で決定する重要な地位にいたが、俸給は一八世紀後半になってからようやく支払われるようになった。しかし鬱陵島への渡海免許を発行した一七世紀には、彼らは幕府からの俸給なしで奉仕活動をしていたのと同じであった。

老中たちは主に地方の各藩主の中から選ばれ、数年間その役割を遂行した。そのため頼みごとがあって老中たちと面談した者たちは、老中たちに必ず「贈り物」を渡した。当時はそれが問題にならなかっただけで、結局老中たちは賄賂を受けとりながら働いていたのである。その結果老中たちは、特に大きな問題にならないと思った事案に関しては、なるべく「贈り物」を持ってきた者に有利な決定を下した。それで彼らの一部は、朝鮮領鬱陵島への渡海免許を発行することは、鬱陵島が無人島なので大きな問題にはならないと判断したのだろう。

当時の日本では、大商人といえば武士と同じような待遇が受けられる者たちであった。鳥取藩の大谷家と村川家はその大商人たちであった。両家は並みの商人家門ではなかったので、藩や幕府の官吏たちとの交流が可能だった。

鬱陵島への渡海免許の発行に賄賂のやり取りがあったという証明は、名古屋大学の池内敏教授のように客観的にこの問題を研究する学者だけでなく、独島が日本領土と主張する島根県の「竹島問題研究会」が『最終報告書』（二〇〇七年）の中でも認めた内容である。

とにかく当時、朝鮮との正式な交流は対馬藩を通じて行われていたが、老中たちの一部は対馬藩を通さずに、特別に鳥取藩に対して渡海免許を発行してやったのである。それは前述の通り、鬱陵島が無人島であることを考慮した特別な措置であった。

こういう状況から見ると、老中たちが鬱陵島の渡海免許を発行したのは幕府全体の意思というより、一部の老中たちと鳥取藩の間の密約によるものと考えられる。老中が大商人たちから賄賂を受け取り、対馬藩を通さない特別な対朝鮮貿易を大谷・村川両家に許可した訳である。

一方、日本側は長い間、江戸幕府が鬱陵島への渡海免許を発行したのは一六一八年であったと主張してきた。しかし渡海免許に署名した四人の老中のうち、二人はまだ一六一八年には老中ではなかったので、現在は日本側も渡海免許の発行時点を四人の人物がすべて老中であった一六二五年頃と見ている。

しかし筆者の研究によれば、一六二五年には老中は全員で八人であった。老中たちは合議制ですべての事案を処理していたのだが、老中八人のうち四人しか賛成しなかった鬱陵島への渡海免許の発行は、結局違法行為だったと言わざるを得ない。また鬱陵島渡海免許は、朱印状と同じく一回限りの渡海免許だったので鬱陵島に渡航するたびに更新しなければならなかったが、大谷・村川両家は免許を一度も更新せずに複写本を使用しながら七〇年以上も鬱陵島に渡海していた。こういう事実も渡海免許が賄賂を媒介とした違法な許可だったことを裏付けている。更新しようとすれば再び賄賂を渡さなければならないし、賄賂を渡したとしても数年毎に老中が入れ替わる江戸幕府では、続けて鬱陵島渡海免許の発行が許されるとは大谷・村川両家も考えられなかったためであろう。

当時の江戸幕府が作成した公式日本地図『官撰慶長日本図』（一六一〇年）と『官撰正保日本図』（一六四八年）には、鬱陵島と独島は日本領土から除かれている。江戸幕府が二つの島を日本領土と認識していたならば、官撰地図から除外するはずがない。特に、当時江戸幕府は各藩に自国の領地を描いた絵図を作成させた後、それらを幕府に送らせた。そして幕府は各藩の領地を示す地図をつなぎ合わせるようにして日本全図を作成した。そのため幕府の官撰日本全図に鬱陵島と独島が描かれていないのは、当時両島を往来した鳥取藩自体が両島に対する領有意識を持っていなかったということになる。つまり鳥取藩は自国の領地図に二島を含ませなかったのである。

明確な事実として、一六一〇年に江戸幕府の作成した『官撰慶長日本図』と、一六四八年に同じく江戸幕府の作成した『官撰正保日本図』には、鬱陵島と独島が描かれていない。特に一六四八年頃には大谷・村川両家が毎年鬱陵島を往来していたのに、両島が日本領土から完全に抜けている。日本の学者たちは現在まで、こういう重要な公式日本地図と鬱陵島・独島の関係に関して明確に分析したことがない。

4　独島（松島）への渡海免許及び二島への渡海

日本側は、江戸幕府が鳥取藩の商人たちに鬱陵島だけでなく独島（松島）への渡海免許も発行したと主張しているが、果たしてそれは本当なのだろうか。

独島渡海免許に関する日本での研究結果を見ると、結果的に独島渡海免許は存在しなかった。まず、幕府が鬱陵島渡海免許と同じ形で独島渡海免許も発行したという文書は存在しない。今まで日本側の研究者たちは、独島への渡海免許が発行されたのは一六六〇年、もしくは一六六一年と主張してきた。ところで日本人たちが文書として残っていない独島への渡海免許が発行されたと主張する理由は、次の通りである。

鬱陵島への渡海免許は、一六九六年に幕府から鬱陵島への渡海禁止令が下って無効となった。しかし幕府は独島への渡海禁止令は下さなかったので、独島への渡海免許は無効とならず、独島（松島）に対する渡海は引き続き許可されたと日本側は主張している。独島が一七世紀半ばから続けて日本の領土だったという主張を正当化するため、日本は独島への渡海免許が発行され、禁止令は未だに発行されていないという論理を組み立てる必要があった。日本側の主張する独島への渡海免許とは、次のような文書である。

（前略）来年貴下の舟が竹島（鬱陵島）へ渡海する際、松島（独島）へも初めて渡海するという件に関し、村川一兵衛と相談されたのは正しい判断でした。これについて詳しい内容は臣下の亀山庄左衛門の方より連絡がいくと思いますので、ここでは詳しく申し上げません。恐恐謹言。
大屋九右衛門様。
九月四日　阿倍権八郎政重
（原文：（前略）來年御手前舟竹嶋へ渡海松嶋へも初而舟可被指越之旨村川市兵衛と被致相談尤ニ候　委細者家來龜山庄左衛門方より可申達候間不能詳候　恐惶謹言　阿倍権八郎政重（花押）九月四日　大屋九右衛門様）

――阿倍書翰（一六六〇年）

日本側はこの「阿倍書翰」が独島への渡海免許に当たると主張する。ところが、この文書には独島へ渡海してもいいという話はどこにも出ていない。こういう文書をなぜ日本側は渡海免許だと主張するのだろうか。
日本はこの文書が一六六〇年に作成され、内容上一六六一年に大谷家が初めて独島に渡海したので、独島への渡海免許は一六六〇年、もしくは一六六一年に幕府によって発行されたと主張するのである。しかしこの文書は免許ではない。ただ、「松島（独島）への渡海に関しては連絡があるだろう」ということが書かれているだけである。

一八世紀に大谷家の残した鬱陵島及び独島関連文書の中にも、独島への渡海免許が発行されたという言及はない。結局、独島への渡海免許などは発行されなかったということである。独島は鬱陵島（竹島）へ行く途中にあるため、寄航地として利用されただけなので、鬱陵島への渡海免許があれば独島に渡航することはなんら問題にならなかったのである。二〇〇〇年以降、客観的に独島問題を研究する日本の学者たちによると、江戸幕府は大谷・村川両家が独島に寄航することに免許が必要なのではなく、その問題で両家が対立しないようにするため調停を行った内容が一六六〇年の文書であると結論を下している。つまり、日本政府の一部の御用学者を除いた日本の良識ある学者たちは、独島への渡海免許のようなものは初めからなかった、とすでに結論を下した状態である。

すなわち鬱陵島への渡海禁止令が下された際、わざわざ独島への渡海禁止令を下す必要はなかった。独島はあくまでも鬱陵島へ行く途中にある島であり、独島への渡海免許も発行されなかったため、鬱陵島への渡海禁止令の中には独島への渡海禁止が含まれるということが江戸幕府の判断だったからである。

そのため、一八七〇年に外務省が中央政府に報告した『朝鮮国交際始末内探書』（外務省資料館蔵）には、竹島（鬱陵島）と松島（独島）は元禄時代（一七世紀の末）に朝鮮付属となった、と明確に記されているのである。

5　隠州視聴合記《いんしゅうしちょうごうき》

日本人たちは鬱陵島の存在を一一世紀の初めから知っていた。前に引用した『大日本史』巻二三四「高麗条」には、「寛弘元（一〇〇四）年、高麗の地方である芋陵島民が漂流し因幡に至った」と記録し、芋陵島、つまり鬱陵島は「高麗の地方」であると確認している。続いて同じ記録に「新羅の時代にうるま島民が（漂流して）来たが、うるま島とはつまり芋陵島だ」と記録し、鬱陵島が新羅の時代から韓国に属していると日本は認めていたのである。

それどころか、既に触れたように（第二章３）一四〇七年には対馬島主が鬱陵島に移り住まわせてほしいと朝鮮王太宗に要請したが、日本人だからという理由で断られた経緯がある。これらはすべて鬱陵島が韓国の領土であることを、日本も認めていたという証拠である。

ところで一九五三年以降、日本は一六六七年に編纂された日本の地方官撰書である『隠州視聴合記』に、鬱陵島までが日本領土と記録されているという主張を始めた。これは一九五三年から日本政府が鬱陵島は日本領土であったと文献を通して公的に主張した根拠になる部分なので、この問題を巡る日韓間の論争について調べてみよう。

先ず、本のタイトルにある「隠州」とは、現在独島と最も近い日本の島である隠岐の島を指す。隠岐の島は四つの島で構成されており、昔から多くの人が居住しているために隠岐州、あるいは隠岐国とも呼ばれた。当時、江戸時代までの日本では「国」とは「州」と同じ概念で使われていた。

この本の著者は斎藤豊仙《さいとうほうせん》という地方官である。彼は出雲の官吏であり、藩主の命令によって一六六七年に隠岐の島を歩き回り、自分が見聞きしたことを『隠州視聴合記』にまとめ、藩主に献上した。この文献が重要な理由は、地方官撰書ではあるが日本の公文書として編纂されたところにある。

出雲地方は、現在独島が日本領土と主張している島根県の地方であり、今は出雲市という。ところで七三三年に完成された『出雲風土記』によると、「地を引っ張ってきて出雲国を作った」という話がある。出雲の神様が出雲は狭すぎると言ったため、他所の余った地を引っ張ってきて出雲を大きくしたという話である。

『出雲風土記』によると、統一新羅の領土の一部を鎌で切り、それに縄をかけて出雲まで引っ張ってきて、現在の島根半島の西側を作ったと記されている。このような話は日本の正史であ

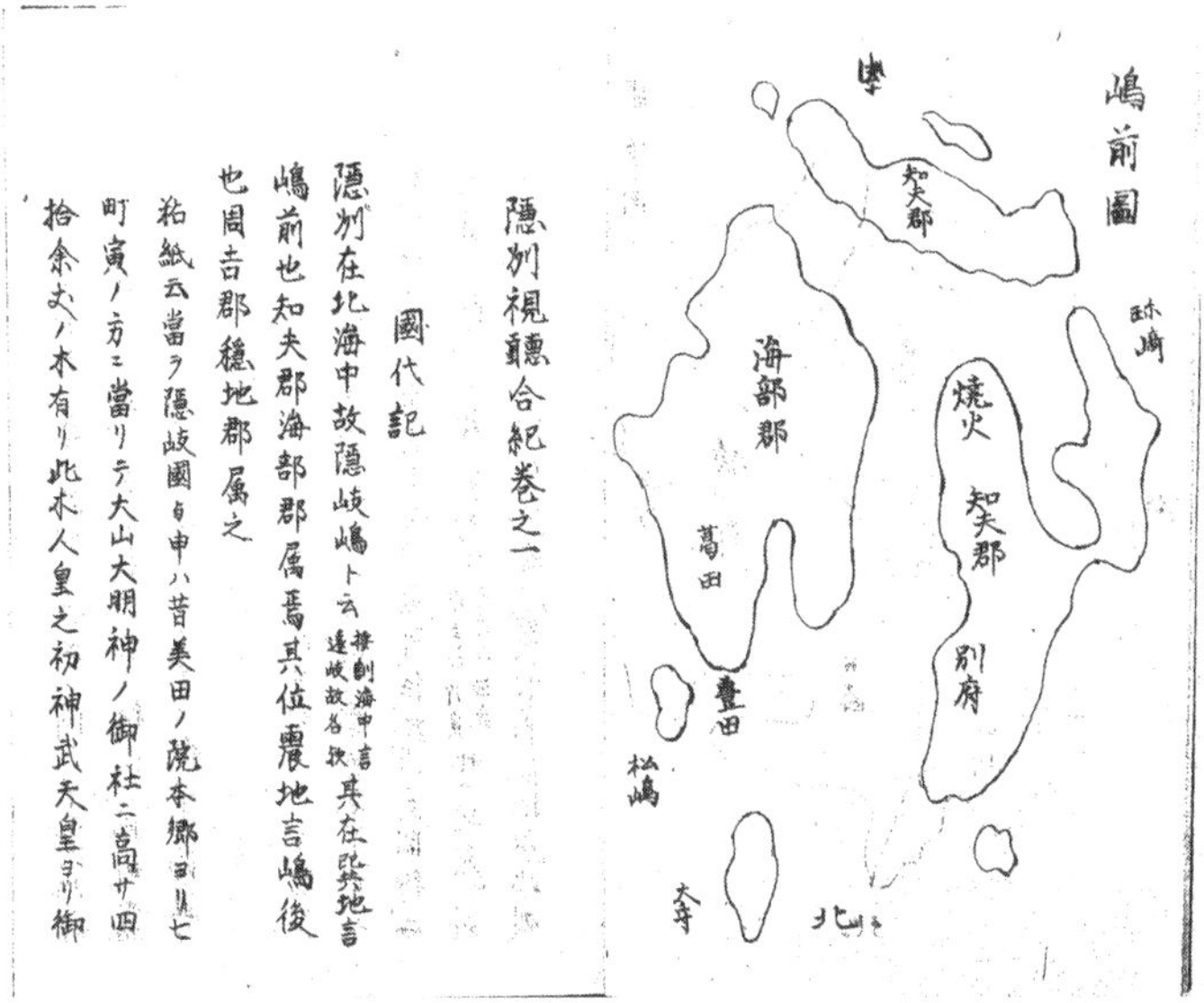

『隱州視聴合記』最初の頁（原本）（東北亜歴史財団資料センター）

る『古事記』（七一二）と『日本書記』（七二〇）にはないが、『出雲風土記』も八世紀当時の日本朝廷が命じて編纂させた官撰書なので、その内容に注目すべきである。

栲衾志羅紀（新羅）の岬に国の余りがありやと見れば、国の余りありと言うので、大きな鋤を手にして、その一部を素早くグサリと断ち切り、強い縄をかけてゆっくりゆっくり「国よ来い。国よ来い」と引っ張ってきた。杵築の御崎（島根半島の西側部分）がそれである。（口語訳）

――『出雲風土記』（口語訳、括弧内は著者による）

『出雲風土記』が完成した七三三年頃、日本は新羅の国教である華厳宗（釈迦の悟りの内容をそのまま説法した経文を根本経典とした宗派。）を日本の国教とした聖武天皇の治世下にあった。完成した『出雲風土記』は天皇に奉られたと伝わっている。この神話に朝鮮半島の一部を切り取って出雲の一部にしたという話が出ていることから見ると、現在日本で主張する竹島（独島）領有権主張の先鋒に立っている島根県は、昔から朝鮮半島を自分の領地のように考えていたことが十分に窺える。

現在の日本は、『隠州視聴合紀』に、日本の領土の境界が鬱陵島であり、独島は勿論、鬱陵島まで古来から日本の領土だったたと主張している。当時の対馬藩や江戸幕府の認識とは全く違った話を主張しているのである。

それでは『隠州視聴合紀』に鬱陵島と独島が日本の領土だと、どのように記録されているというのだろうか。この官撰書には「この州までが日本の領土」と曖昧に記録されている。それで「この州」とは一体どこなのかに関して、一九五三年以降、日韓の間の論争が絶えなかった。日本は自国の境界を指す「この州」は鬱陵島であると主張し、韓国は隠岐の島と主張してきた。それでは「この州」とは一体『隠州視聴合紀』ではどこを指しているのかについて見てみよう。

隠州は北海の中にあり、隠岐の島と呼ぶ。（中略）戌亥の間（北西方向）を二昼一夜行くと、松島（独島）がある。そこからまた一昼の距離に竹島（鬱陵島）がある。（中略）この二つの島には人が住んでいないが、ここから高麗（朝鮮）を眺めるのは、まるで雲州（出雲）から隠州（隠岐の島）を眺めるのと同じである。だから日本の乾地（北西の境界の地）は「この州」までを境とする。

――『隠州視聴合紀』「国代記」

要するに、隠岐の島から二日くらい進むと松島（独島）に着き、そこからもう一日くらい進むと竹島（鬱陵島）があるという。そして日本の北西の境界が「この州」と記されている。「この州」が鬱陵島を指すなら、独島だけでなく鬱陵島までが日本の領土ということになり、「この州」が隠岐の島を指すなら、鬱陵島と独島は韓国領土ということとなる。

一七世紀には朝鮮と対馬藩がいくども鬱陵島を朝鮮領土と確認した経緯もあり、韓国は「この州」を文章の流れに沿って解釈し、「この州」は隠岐の島であると主張した。ところが日本は「この州」を鬱陵島と解釈し、五〇年以上韓国と論争を続けてきた。読解法によれば、「この州」はその直前の文に出ている隠州、つまり隠岐の島のことを指すのが普通の解釈である。

日本は「隠岐の島」が「州」と言えるように、「鬱陵島と独島」も「州」と見なせると主張する。従って「この州」は鬱陵島と独島であり、鬱陵島までが日本の領土だったという主張を今も一部の御用学者たちが曲げないでいる。

韓国の文献にも「島」を「州」と見なした記録がある。例えば安鼎福《アン・ジョンボク》（（一七一二～一七九一）：朝鮮時代後期の実学者、儒学者。古朝鮮から高麗王朝までの韓国史を叙述した『東史綱目』が代表作である。）の書いた『星湖僿説類選』には、「安龍福《アン・ヨンボク》の手柄で一州を取り戻した」と出ているが、ここで言う一州とは、鬱陵島と独島を指すと解釈される。また日本語の「州」という意味には、確かに「島」という意味がある（『角川漢和辞典』などを参照）ので、その意味を当てはめれば「この州」は「この島」にもなるので、日本の主張を全くの理不尽だと責め立

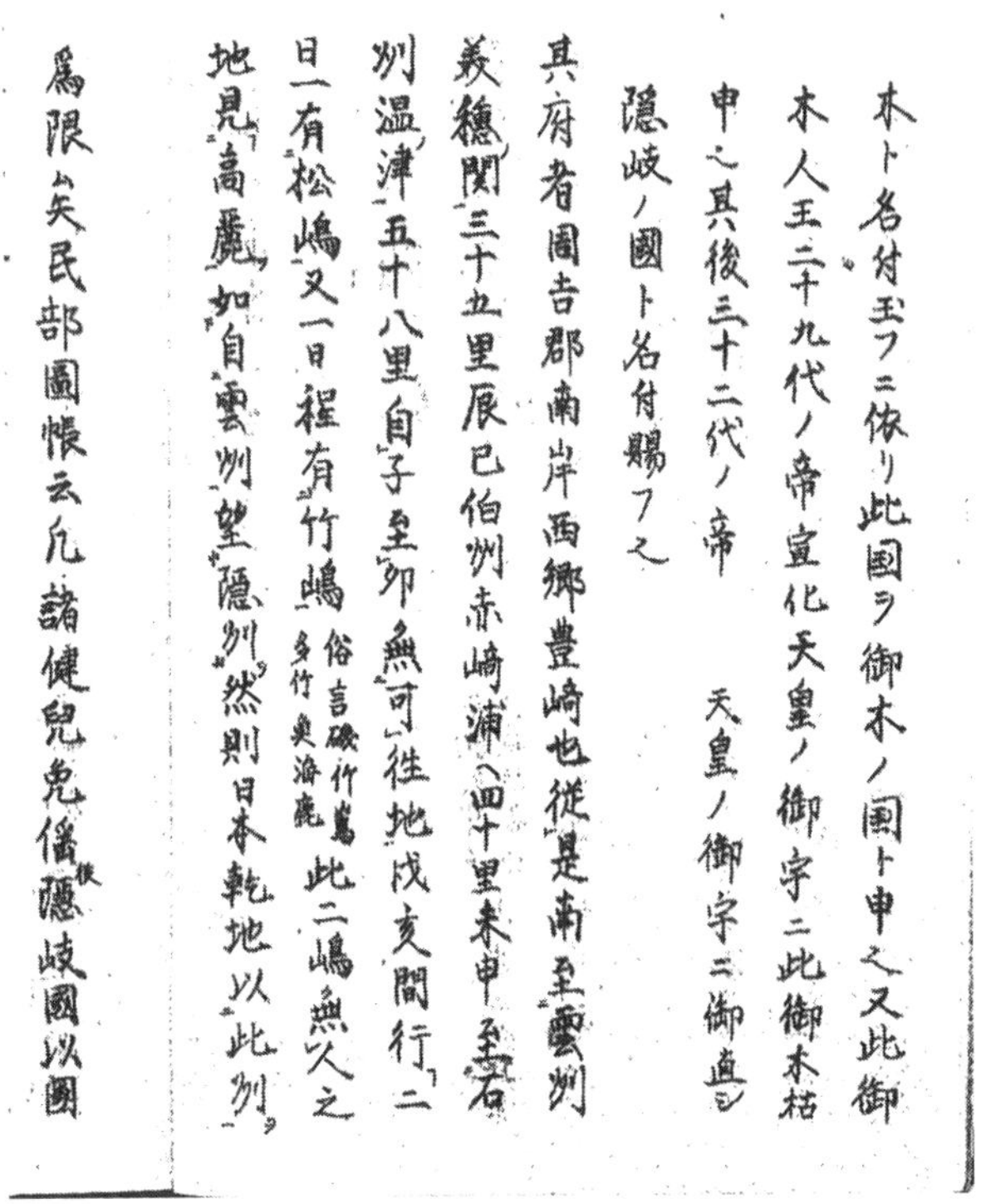
木ト名付玉フニ依リ此国ヲ御木ノ国ト申之又此御
木人王二十九代ノ帝宣化天皇ノ御宇ニ此御木枯
申之其後三十二代ノ帝　天皇ノ御宇ニ御直シ
隠岐ノ國ト名付賜フ之
其府者周吉郡南岸西郷豊崎也従是南至雲州
美穂関三十五里辰巳伯州赤崎浦四十里未申至石
州温津五十八里自子至卯無可往地戌亥間行二
日一夜有松嶋又一日程有竹嶋俗言磯竹嶋多竹魚海鹿此二嶋無人之
地見高麗如自雲州望隠州然則日本乾地以此州
為限矣民部圖帳云凡諸健児免徭役隠岐國以園

『隱州視聴合紀』の第２頁（原本）
（東北亜歴史財団資料センター）

てるわけにもいかない。

日本と韓国がこの問題を巡り、五〇年以上も論争を続けたのは、結局両国の論理が相手側の論理を克服できなかったということを意味する。韓国側から言えば、韓国人は『隠州視聴合紀』のこの行を読めば、誰もが「この州」を隠岐の島と解釈するが、必ず隠岐の島と読むべきだという決定的な証拠は、数十年間提示できなかったのである。

ところで結論なしで続いたこの問題は、ある日本人学者によって解決された。二〇〇一年、名古屋大学の池内敏教授が、「この州」は「隠岐の島」であるということを完璧に証明する論文を発表したのである。その後、彼の研究を学問的に批判した人は未だに一人もいない。

しかし拓殖大学の下條正男教授は、「池内教授の研究は、日本の竹島領有権の主張に妨げとなる」と根拠もなく池内教授を公に非難した。下條教授の非難は、研究内容そのものに対する正しい批判ではないところに、最大の問題がある。

それでは池内教授は、「独島は韓国領土」と明言したのだろうか。

彼は『隠州視聴合紀』が松島、つまり独島を日本外の地と認めたことを指摘しながらも、「独島は韓国領土」という表現は使わなかった。『隠州視聴合紀』にそのような表現が無いからである。池内教授は日本の国立大学の教授なので、「独島は韓国領土」という直接的な表現は避けたものと思われる。それでは、五〇年も誰も解けなかった問題を、池内教授はどうやって解決したのだろうか。

まず彼は『隠州視聴合紀』に記されている「州」と「島／嶋」という言葉の意味を全て分析した。その結果、「州」と書かれた例は六六カ所だったという。ところで、その中から問題になっている「この州」という表現を除いた六五カ所が、「州」を「国」という意味で用いているということを彼は証明した。そのため、「この州」とは「この国」を意味するということが明らかになった。

「この州」が「この国」という意味ならば、当時無人島だった鬱陵島を「国」と呼ぶはずがない。池内教授はその部分を明確に証明するため、「この州」が『隠州視聴合紀』の中で「この島」という意味で用いられた例があるかどうかを検討した。その結果、『隠州視聴合紀』で「島」を用いる時は、「この州」という表現は用いずに、そのまま「この島」という表現を用いていることが分かった。

これを基に池内教授は、『隠州視聴合紀』の中で「この州」とは「この国」を意味するだけで、「この島」という意味はまったくないということを証明した。この事実から彼は、日韓両国で問題となっている「この州」という部分も、「この島」とは解釈できないと結論付け、結局「この州」とは「隠岐国（隠州）」と解釈しなければならないと結論したのである。

【コラム4】 竹島と松島

日本では一九世紀半ばまで欝陵島を竹島、独島を松島と呼んだ。しかし日本には竹島や松島の名称をもつ島がいくつかある。

竹島は竹の島、竹ヶ島まで含むと、日本に一〇ヶ所くらいある。それで日韓の間で独島(竹島)の問題が起れば、独島(竹島)と同じ名前を持った他の竹島を眺めながら、「うちの沖合いの竹島がどうして韓国領なのか」と、不思議に思う人もいるという。

その中でも愛知県の東南部に位置する蒲郡市の竹島は、長さ約三九〇メートルの橋が陸地と繋がっており、島の周囲は六二〇メートルほどしかない小さな島だが、名所に数えられている。島全体が天然記念物に指定されており、島には神社が何カ所か建てられている。竹島と向かい合う陸地は竹島海岸と呼ばれるが、夏は潮干狩りの子供たちや人々で混み合う。

もう一つ紹介するならば、九州南端の鹿児島県にも竹島がある。この竹島は鹿児島県の陸地から九〇キロメートルほど離れており、島全体が竹で囲まれているため、竹の島という意味で竹島と呼ばれるようになった。このように竹島という名称は竹がたくさん生息していることから由来した場合がほとんどである。この島は、周囲が一三キロメートルほどではあるが人が住んでいる。人口は一〇〇人ぐらいであり、釣りの名所として有名である。小学校と中学校があるが、それより上の学校に進学するには、本土まで出なければならない。約三〇〇〇年前の遺跡が発見されたことから、この島には昔から人が住んでいたと推定される。

韓国にも竹島《ジュクド》は何カ所かある。忠清南道保寧《ボリョン》市の陸地に繋がっている竹島は、「竹島観光地」として有名である。また鬱陵島から二キロメートルほど東にも竹島がある。日本人は韓国人が歴史的に認識した于山島とは、独島ではなくこの竹島だと主張している。

一方、日韓両国には竹島に負けないくらい松島も多い。日本でもっとも有名な松島は、東北の宮城県の松島湾にある二六〇個余りの島々である。各島に松の木のあるところが多くて松島と呼ばれるようになったが、日本三景の一つであり、景色が美しい。

日本全国に松島という名前を持った地は、一五カ所ほど存在する。全て宮城の松島のように島が多い。しかし松島という名称にふさわしく松の木がたくさんあるというよりは、宮城の松島のように島々や暗礁が多く集まっているところを松島と呼ぶようになった。実は独島は主に東島と西島でできているが、その他に大小の暗礁を九〇個ぐらい持っている。前述したように、一七世紀に鬱陵島と独島を往来した日本人たちは鬱陵島を竹島と名付けた。それからその一部としての独島を松竹梅の概念を取り入れて松島と呼んだと思われる

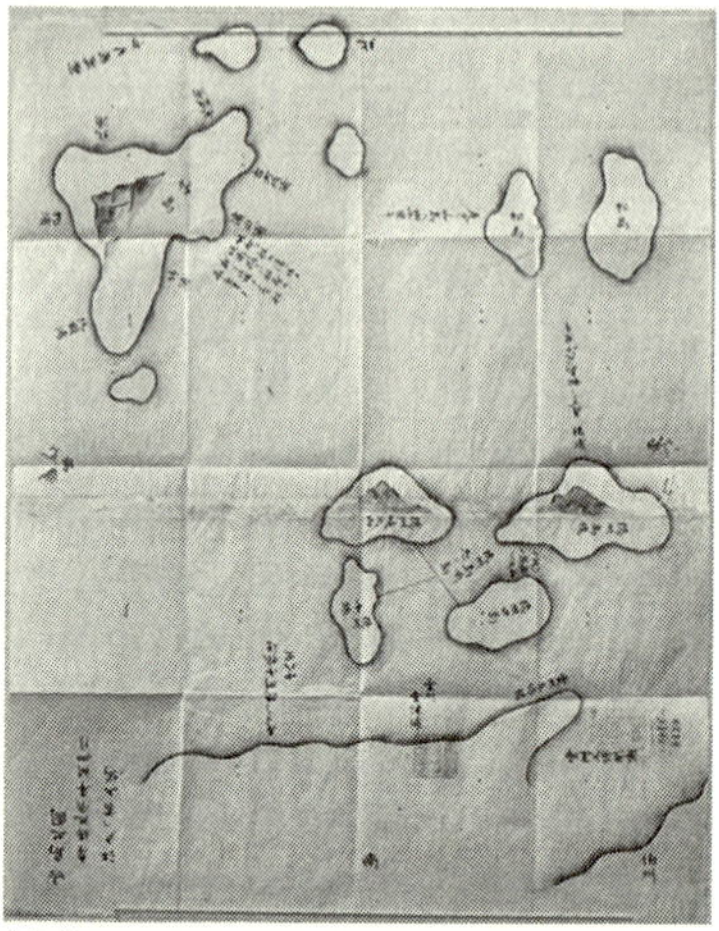

大谷《おおや》家の製作した竹島と松島の絵図（18世紀）（鳥取県立博物館蔵）

が、独島は数多くの暗礁で成り立っていることから松島と呼ばれるようになった可能性もある。しかし日本人が独島を松島と呼ぶようになった経緯は記録に残っていないため、明確なところは分からない。

　韓国にも松島が数カ所ある。例えば釜山の岩南《アムナム》半島の東にある岬も松島と呼ばれている。それから仁川の沖合いに位置する若潮の激しい岬も松島といって、海水浴場があり夏季保養地として有名である。

　なお全羅南道木浦《モクポ》市から北西の方へ三一キロメートルほどの地点に、ソル（松）ソムと呼ばれる松島がある。付属している島々は南に連島群島、西に一・二・三島、東に小島などがある。そしてこの松島も島々で構成されていることから日本の松島と類似している。この島には島民がいて、そのほとんどが農業に従事している。主な農産物は米、麦、豆、サツマイモなどであるが、米と麦の生産量が多い。周辺海域ではボラとスズキなどが捕れ、海岸には干潟が広く発達している。

このように日本と韓国の竹島と松島、つまり竹の島と松の島に対する概念はかなり似ていると考えられる。要するに、竹島と松島という名称は島の自然な姿や特徴に基づいて付けられた名前である。一方、韓国の松島は島ではなく岬であるのに松島と名付けられているところが日本とは少し違う。

鬱陵島は竹の木だけではなく、いろんな種類の木がこんもりと育つ島だという意味で鬱陵島という名前を持つようになった。また独島という名前も、ドルソム（石の島）から由来したので、島の自然の特徴に基づいて名付けられたといえるだろう。

第五章　鬱陵島争界

一七世紀の中ごろまでは鬱陵島やその周辺で日朝間の紛争は起こらなかった。一五世紀の後半から一六世紀にかけて戦国時代という内乱を経験した頃、日本は周辺国に目を向ける余裕もなかったし、日本を統一した豊臣秀吉も実際に朝鮮半島を手に入れようとしただけであり、鬱陵島などにはさほど興味がなかったからである。

秀吉の後を継いで権力を握った徳川家康は、豊臣家を滅亡させ、朝鮮と修交した。その後、朝鮮通信使が日本に来るようになり、日本人は対馬藩を通して釜山に設置された倭館にのみ行けるようになった。秀吉の朝鮮侵略のせいで、当時日本人は倭館以外には出入りができなかった。

日本は慶長の役の際に拉致した朝鮮の儒学者姜沆《カン・ハン》〔(一五六七〜一六〇八):朝鮮中期の文官。文禄の役の時、義兵を挙兵して参戦。慶長の役の時に日本軍の虜になったが、一六〇〇年に帰国するまで日本の儒学者たちと交流し、日本朱子学の体系化に貢献。日本の情勢や自分の体験を記録した『看羊録』が代表著作である。〕に学んだ藤原惺窩《ふじわらせいか》を通して、主に李滉《イ・ファン》〔(一五〇一〜一五七〇):朝鮮中期の文官、学者。官職よりは儒学の研究や教育に専念し、朱子の理気二元論を緻密に正立した「主理説」を確立した。彼の思想は日本において明治時代の教育理念にまで影響を与えたと評価されている。李珥(イ・イ、一五三六〜一五八四)と並んで朝鮮朱子学の二大儒と称される。〕の性理学の影響を受けた。また、藤原惺窩に感銘を受けた徳川家康は、朝鮮性理学を江戸幕府の正統思想として受け入れた。このように一七世紀の日本は、朝鮮を礼節の国として尊敬するまでになった。

その後、一七世紀の末までかつてない日朝の平和時代が到来した。しかし、現在の独島領有権問題による揉め事のように、平和だった両国関係にも局地的な紛争が起こった。それがまさに鬱陵島を巡る日朝紛争であった。それを韓国では「鬱陵島争界」と呼び、日本では「竹島一件」と呼ぶ。

1　事件の発端

鬱陵島争界は一六九三年に鬱陵島で朝鮮と日本の漁夫たちが衝突し、漁夫の安龍福《アン・ヨンボク》と朴於屯《パク・オドン》の二人が日本に連行されたことから始まった。そのためこの事件は「安龍福事件」とも呼ばれる。しかし、鬱陵島争界と安龍福事件は厳密に言うと、その経緯が途中で変わる。鬱陵島争界のきっかけは安龍福が提供したが、江戸幕府が鬱陵島を朝鮮の地と認めたきっかけは朝鮮王朝の対日強硬姿勢であった。

事件は対馬藩が日本に連行した二人を朝鮮に送還したことから始まった。対馬藩の正官橘眞重は、一六九三年一一月に二人を朝鮮に引き渡し、次のような書簡を釜山の東萊府《トンネブ》に渡した。

貴域の海辺で漁をする民達が、毎年本国の竹島（鬱陵島）へ渡航してきたため、士官が国禁を詳しく説明し再び来てはいけないと知らせたにもかかわらず、今春、四〇人余りの漁民が竹島（鬱陵島）に入ってきてむやみに魚を捕ったため、士官がその中の二人を捕え、一時は証人にする考えでした。ところが本国の官吏が素早く江戸にこのことを知らせて、漁民たちを弊邑（対馬）に任せて故郷に帰すように申しました。今後、あの島（鬱陵島）には決して船を出させないよう、さらに禁制を強くして、両国の友好関係にひびが入らないようにしていただきたく存じます。

——『粛宗実録』巻二六、粛宗二〇（一六九四）年二月条

朝鮮の漁夫の二人が日本の竹島（鬱陵島）に入って漁業活動をしたため、日本に連行したが、朝鮮に帰すことになった。今後は絶対に竹島（鬱陵島）に入らないように措置してほしい、という内容である。

この書簡を受け取り、朝鮮の朝廷では接慰官《チョプウィグァン》の洪重夏《ホン・ジュンハ》が対日強硬策を主張したが、左議政《チャイジョン》の睦来善《モク・ネソン》と右議政《ウ イジョン》の閔黯《ミン・アム》は強硬策に反対した。粛宗《スクチョン》は睦來善などの意見に従った。

接慰官の洪重夏が別れの挨拶をするため、また左議政の睦来善と右議政の閔黯が洪重夏

と共に王に謁見した。洪重夏いわく、「いわゆる倭人の言う竹島は、まさしく我が国の鬱陵島のことです」（中略）睦來善と閔黯いわく、「倭人が移住して住んだのかどうかははっきりしませんが、この島は約三〇〇年間空けておいた島です。これが不和の発端であり、友好関係を失うのは良策ではありません」と申し上げた。王は閔黯などの言葉に従った。

――『粛宗実録』巻二五、粛宗一九（一六九三）年一一月条

睦來善と閔黯は鬱陵島を「約三〇〇年間空けておいた島」といい「これが不和の発端であり、友好関係を失うのは良策ではない」と言った。そして粛宗は彼らの言葉に従ったと書かれている。このような当時の朝廷の態度は、日本の不当な要求にも拘わらず、友好関係の維持を口実にして正しい対応を避けようとする安易な態度だったと言わざるを得ない。結局彼らの意見は、「鬱陵島は三〇〇年も前に捨てた地なので、日本人が入ってきても仕方がない」という主張である。領土問題についてこの程度の認識しかない者たちが、一体どうして一国の重要官職を占めていたのだろうか。

しかも王までこのとんでもない意見に従ったとは、実に愚かなことだった。今の言葉で言えば、「独島は日本の領土だと言い張る日本の主張に対して、日本との友好関係維持を考えて、抗議したりしない方がいい」と主張する者たちの意見に、大統領が振り回されるようなもので

ある。

睦來善たちの意見は、対馬藩からの書簡に対する返事の文面に、あきれた内容で反映された。朝廷は鬱陵島と竹島がまるで違う二つの島として記述したのである。つまり、鬱陵島は朝鮮の地だが、竹島は日本の地であると記して、朝鮮人たちが日本の地である竹島に入れないように取り締まると約束した。当時の朝鮮の回答の書簡を見てみよう。

弊国（朝鮮）で漁民を取り締まって、外洋へ出られないようにいたしました。たとえ我が国（朝鮮）の鬱陵島であっても、遥か遠くにあるということで自由に往来できないようにいたしました。それなのに、ましてその先の島へ行かせるわけはありません。今回、こちらの漁船が無理やりに貴境の竹島に入ったためにずい分とお手数をおかけいたしました。大変申し訳なく存じます。遠くからの書簡になりますが、隣国との友好関係が築けて、真に喜ばしい次第であります。

――『粛宗実録』巻二六、粛宗二〇（一六九四）年二月条

この回答の書簡に、朝鮮王朝は「我が国の鬱陵島」と書いた。しかし、「貴境の竹島」とも書いた。こういう内容の書簡を渡して、対馬藩の正官が納得してそのまま引き下がるだろうと

考えていたのだとするならば、当時の朝廷には認識の甘い官僚しかいなかったと言わざるを得ない。朝鮮王朝は対馬藩が昔から鬱陵島に住まわせてほしいと要求してきた歴史的な事実に基づいて、彼らが再び鬱陵島を狙っているということを深く考えなければならなかった。しかし朝鮮王朝は、このような状況をまったく念頭に置いていなかった。

また、朝鮮王朝は対馬の正官橘眞重が朝鮮の回答書簡を受け取って対馬藩へ戻れば、事態がさらに悪化する恐れがあることなどは一切考慮しなかった。最悪の場合には、竹島（鬱陵島）を日本領として認める結果となり、鬱陵島に入居する日本人たちを止められなくなっただろう。そうなった後で、日本の言う竹島は鬱陵島だといくら主張しても、日本は問題の回答書簡を根拠に、竹島が鬱陵島であれ何であれ、朝鮮がその島を日本領と認めたことを主張して鬱陵島から離れなくなるだろう。

鬱陵島と竹島は名称が違うだけであり、実際は同じ島であることを朝鮮王朝も知っていたため、まるで相異なる二つの島が存在するかのように記した朝廷の態度は非常に問題のある態度であった。

この回答を作成させた睦来善と閔黯は、禧嬪《ヒビン》・張《チャン》氏の支援を受けた南人《ナミン》勢力であった。跡継ぎがいなかった粛宗の初めての息子を産んだ張氏は、粛宗の寵愛を受けていた。粛宗は張氏から生まれた王子を跡継ぎにして、張氏を禧嬪に格上げした。それは一六八九年のことで、鬱陵島紛争の始まる四年前だった。

その当時、執権勢力だった西人《ソイン》たちが王子を次期王として冊立するのに反対し、粛宗によって粛清されるという事件が起こった。そのためその後の五年間は、南人の天下となり、彼らは幼稚な対日外交政策を繰り広げたのであった。

幸いなことに対馬藩正官の橘眞重は、朝鮮王朝からの回答書簡を受け取ってからも日本へ戻らなかった。東萊府で朝鮮の回答書簡を受け取った橘眞重は、その文書の中にある「我が国の鬱陵島」という言葉を削除してくれと要請したのだった。


書契（外交文書）に竹島だけを記せば良かったのに、先ず鬱陵島を取り上げて言及したのはなぜなのか。（中略）対馬島主は必ず鬱陵という二文字を削ってくれと伝えてきた。

（橘眞重の言葉）


――『粛宗実録』巻二六、粛宗二〇（一六九四）年二月条

2　執権勢力の変わった朝鮮の朝廷

橘眞重とは、一体どんな人物だったのだろうか。その名前を日本の発音で読むと、「たちばな・まさしげ」となる。橘眞重の先祖は橘守保（たちばな・もりやす）であり、宗氏が鎌倉幕府の命令で対馬の土着豪族と戦った際に、宗氏に味方して参戦した。その後橘氏は、宗氏が対馬に任官した時から続けて宗氏の右腕としての役割を果たしてきた。

橘眞重は対馬藩主の代理として朝鮮との外交を担当してきたが、その祖先の中には文禄の役の起こる直前に、朝鮮王朝と対馬藩、そして豊臣秀吉の間を幾度も往来した人物もいる。一言で言えば、橘眞重は当時対馬藩のナンバー2であり、対馬島主の言葉は彼を通して朝鮮に伝わった。

橘氏は一六世紀半ばに名字を「多田」に変えたが、朝鮮との外交の際にはそのまま橘という名字を使っていた。そのため日本の文献には橘眞重は多田輿左衛門と記録されている。ちなみに、一八六〇年代に日本では明治維新と関わって対馬で約二五〇人余りの命を奪った内乱が起こったが、幸いなことに生き残った橘眞重の子孫たちは東京へ避難した。

さて、話を一七世紀の末に戻そう。粛宗の下での南人天下は長くは続かなかった。一六九四年頃に王妃となった禧嬪張氏が、国母としては人格が問題であると感じた粛宗は、西人勢力と深くかかわりを持った淑嬪崔氏《スクピン・チェ》を寵愛するに至った。そしてその頃粛宗は、王妃張氏の勢力が淑嬪崔氏を毒殺しようとしたという報告を受けた。粛宗はそれをきっかけにして大きくなりすぎた南人勢力を一掃することと決心した。そして王妃張氏を嬪に降格させ、睦来善、閔黯等をはじめとした南人勢力を流刑に処し、その後、毒薬で賜死させた。この政変によって、軟弱な対日外交を繰り広げた睦来善と閔黯は排除されて西人政権が誕生し、領議政《ヨンイジョン》に就任した南九萬《ナム・グマン》は、南人政権とは正反対の対日強硬路線を採択するようになった。

南九萬は、南人政権が以前対馬藩の橘眞重に渡した回答書簡は大きな間違いだったとして、それを回収すべきだと主張した。

今夏、南九萬いわく、「東萊府使の報告によると倭人曰く、『朝鮮は我々の竹島(鬱陵島)に入ることを当然禁ずべきだろう』と言います。(中略)その倭人の主張は今後も続くでしょう。それで先日倭人に回答した書契は非常に曖昧な内容だったため、接慰官を送ってその書契を返してもらい、日本がこちらの意見を無視して勝手な行動をすることに関して正直に異議を唱えた方が宜しいと存じます」。

——『粛宗実録』巻二六、粛宗二〇（一六九四）年二月条

南九萬は橘眞重に渡した書契の内容が曖昧だったため、返してもらわなければならないし、日本が朝鮮の意思を無視しながら行動するのを止めさせるべきだと建言した。臣下たちは、万が一日本が鬱陵島を占拠するようになれば、近くの江陵や三陟地方まで必ず被害を受けるようになるだろうと主張した。これに対して粛宗は南九萬の建言を受け入れて、橘眞重に渡した回答を回収するように命じた。

その後、一時釜山を離れて対馬に帰っていた橘眞重が、東萊府倭館に戻ってきた。彼は前回朝鮮王朝から受け取った書契と共に、対馬島主からの書簡を朝廷へ送ってきた。それは鬱陵島問題を論じた対馬島主の二番目の書簡であった。この書簡には、「我が国の鬱陵島」と書いた朝鮮の書契の部分を削除してくれということが書かれていた。

領議政の南九萬は、都合よく橘眞重が送ってよこした朝鮮王朝の書契を書き直した。鬱陵島と竹島は同じ島であり鬱陵島は朝鮮領土なので、日本人たちの出入りを厳しく禁ずると、次のように書いて書契を送り返した。

我が民が漁業や伐木をしていた地は本来鬱陵島であり、竹が生産されるため時に竹島と

も言うが、これは即ち一つの島を二つの名前で呼んだものである。一つの島を二つの名前で呼んだということは、我が国の書籍だけに記録されているのではなく、御州（日本）の人々も皆知っている内容である。ところが、今回貴国の送ってよこした書契には、竹島（鬱陵島）を貴国の地方と言い、我が国の漁業を禁止しようと記してあった。しかし貴国の人々が、我が国に侵入して我が民を捕まえていったことについては、その過ちを論じていない。これは誠信の道理に反することと言わざるを得ない。願わくは、これを東都（江戸）に伝えて貴国の辺境海岸の人々を取り締まり、鬱陵島を往来しながら再び問題を起こさないようにしていただけるのなら、互いに和解できて、これ以上に幸いなことはないだろう。

――『粛宗実録』巻二七、粛宗二〇（一六九四）年八月条

このような書契を受け取った橘眞重は、その内容に不満を抱いてしばらくの間日本へ帰国しようとしなかった。彼は対馬島主からの二番目の書契に対する回答を再度要求してきた。しかし、朝鮮王朝は前回と同じ内容を回答しただけで、橘眞重の要求を受け入れなかった。

結局橘眞重は、対馬藩からの帰国命令によって六月一五日付けで帰国すると東萊府に伝えてきた。この伝達の書簡の中で彼は鬱陵島問題を問い糺し、これに対する回答を朝鮮に要求し

た。これは橘眞重の個人的な行動であって対馬藩からの指示ではなかった。しかし彼が朝鮮王朝に問い糺した内容の一つ一つに対して、朝鮮王朝は回答を送った。

3　朝鮮王朝と橘眞重の間の論争

朝鮮王朝は橘眞重の詰問に対して一つ一つ反論した。橘眞重はまず、朝鮮王朝が鬱陵島に随時使者を差し遣わしたというが、日本人が鬱陵島を往来する間はそうではなかったと主張した。それに対して王朝は次のように答えた。

新羅・高麗の時代、そして本朝廷の太宗・世宗・成宗の三時代にわたって多くの使者を鬱陵島に差し遣わしたという記録が『東国輿地勝覧』にはっきり記されており、また『東国輿地勝覧』によれば日本の官吏も鬱陵島は朝鮮の地と答えている。そして、近ごろ鬱陵島に多くの使者を派遣しなかったのは、海路が大変危険であったからである。しばらく鬱陵島に使者を派遣しなかったが、かといって鬱陵島を放棄したわけではない。

——『粛宗実録』巻二七、粛宗二〇（一六九四）年八月条

さらに橘眞重は、一七世紀の半ばに日本の漁船が鬱陵島から日本に帰る途中で漂流し、朝鮮の東海岸にたどり着いた事件が起きたが、そのとき朝鮮では鬱陵島に日本人たちが出入りするのを知ったのに、日本に対して抗議をしなかった。それは鬱陵島を日本のものと認めていたからではないかと詰問した。朝鮮王朝は橘眞重のこの詰問については次のように答えた。

鬱陵島で密かに漁労活動をしていた大谷・村川家の船が漂流して朝鮮本土に着いた事件に関しては、瀕死の状態だった日本の漁民たちが気の毒だったので助ける事を優先して審問したりしなかっただけである。これは朝鮮特有の「情」の発露であり、その行為によって鬱陵島を日本の領土と認めたということはない。

——『粛宗実録』巻二七、粛宗二〇（一六九四）年八月条

橘眞重は、最初の書契で朝鮮は竹島が日本領であることを認めたではないかと詰問してきた。その三つ目の詰問に対する朝鮮王朝の回答は次のようである。

朝鮮王朝が、前回の書契の中で鬱陵島と竹島を二つの島のように表現したのは、一介の官員の失言であり、日本人も知っているように竹島は朝鮮の鬱陵島であるとその後に書契

を訂正して再び送ったので、問題は解決済みである。

――『粛宗実録』巻二七、粛宗二〇（一六九四）年八月条

この回答書簡が届く前に橘眞重は、自分の希望通りに書契を書き直してもらいたいと再び要求してきた。これに対して東萊府は橘眞重の無礼を責めて、厳重に注意した。そのため橘眞重は六月一〇日に帰国日を決め、再び東萊府に次のように回答してきた。

考えてみますと、両国の友好は貴国の回答書簡をこの倭館に残すことにありました。今回の帰国の回答書簡が一度海を渡ってしまいますと、両国は多分一〇〇年の友好を失う恐れがあると存じます。かつて私は『芝峰類説』（朝鮮中期の学者（本来は軍人）である李睟光（イ・スグァン、一五六三～一六二八）が一六一四年に発刊した著書。多方面の知識と情報を百科事典の形式で網羅した朝鮮実学の先駆的な著作である。）の自序を詳しく検討したことがございますが、その文章は八二年前に書かれたものです。『芝峰類説』にも、「最近倭人が礒竹島を占拠した」と書かれています。他国の人間がその島を占拠し、漁業活動を行っていることを知りながらもそれを黙認したので、これは八〇年以上にわたって貴国自らがその島を見捨て他人の所有になるように放置したことに等しいと思われます。過去のことがこのようなのに、今回我が国の民がその島に入ったことを不法入国や侵入などと看做したことは、大きな間違いと存じます。

橘眞重は朝鮮の回答書簡を倭館に残したまま対馬に戻るのが両国の友好のため、最も良いと考えたと言う。彼は最後まで鬱陵島は朝鮮が捨てた島なので、今さら領有権を主張する資格はない、という論理で朝鮮を非難した。このような彼の態度は対馬藩の命令によるものではなく、個人的な行動だったことから、むしろ朝鮮には有利に働いた。

橘眞重は東萊府に留まっていた間、朝鮮王朝から規定通りに支給された米などを一切食べず、そのまま返却した。彼の非常に頑なな態度を見た多くの人々は、彼が対馬に帰った後に、「まもなく文禄の役のような戦乱が起こるだろう」と不安に思った。

4　一八〇年ぶりに鬱陵島に派遣された張漢相

朝鮮王朝と橘眞重との論争が続いていた頃、朝鮮は張漢相《ジャン・ハンサン》〔生没年不詳、朝鮮後期の武官の一人〕を鬱陵島に派遣した。約一八〇年ぶりに行われた鬱陵島への官吏派遣であった。それは鬱陵島領有権を執拗に主張する日本が、鬱陵島を奇襲占拠するかもしれないと朝鮮王朝が考えたからである。要するに、鬱陵島とその周辺がどういう状況なのか現地調査をさせるのが目的であった。

張漢相は鬱陵島とその周辺を調査した記録を『鬱陵島事蹟』という記録にまとめて朝廷に報告した。それによると、彼は鬱陵島だけでなく独島まで目撃したことが記録されている。以前に鬱陵島に派遣された朝鮮の官吏たちが張漢相のように調査したとするなら、古くから多くの朝鮮官吏たちが独島を目撃したと言える。張漢相は『鬱陵島事蹟』に次のように記録した。

東へ五里ほど離れた所に小さな島が一つあるが、それほど高くはなく、その一面には竹やぶがあった。雨が止み、霧の晴れた日に山の中峰に登ると、南北の向かい合った二つの峰は見上げるほどに高い。これらを三峰という。

西を見渡すと、大関嶺《テグァルリョン》のように曲がりくねった形が見え、東を見渡すと海の中に島が一つ見えるが、ずっと遠い辰の方向〔真北から時計回りに一二〇度の方向。鬱陵島から見れば独島の位置がこの方角にあたる。〕に位置しその大きさは鬱陵島の三分の一未満であり、（距離は）三〇〇里余りに過ぎない。

（原文：東方五里許 有一小島 不甚高大 海長竹叢生於一面 霽雨霧捲之日 入山登中峯 則南北兩峯 岌崇相面 此謂三峯也 西望大關嶺透迤之狀 東望海中有一島 杳在辰方 而其大未滿蔚島三分之一 不過三百余里）

張漢相は九月に出航して一〇月に三陟に戻った。彼は秋の日の鬱陵島から独島が特によく見える時に鬱陵島に入島したのである。このように独島が鬱隆島から最もよく見えるのは、夏から初秋までである。彼が鬱陵島の中峰に登ってまず見たのは、『新増東国輿地勝覧』に記録された三峰である。東へ五里ほど離れたところに位置した小さな島は、竹やぶが一面を占めているという記録などを見ると鬱陵島から東へ二キロメートルほど離れた所にあるチュクト（竹島：独島ではない）である。

そして張漢相は独島を目撃した。「東を見渡すと海の中に島が一つ見えるが、ずっと遠い辰の方向に位置しその大きさは鬱陵島の三分の一未満であり、（距離は）三〇〇里余りに過ぎない」と記述したのは、まさに彼が独島を見た記録である。鬱陵島からずっと東に、遠くから見える島は独島しかない。張漢相は独島の大きさを鬱陵島の三分の一未満と記録した。実際は独島はもっと小さいが、遠くから見渡す独島には峰があるので、実際よりは大きく見える可能性がある。

張漢相は鬱陵島から独島までの距離を三〇〇里余りと記録した。朝鮮の一〇里が日本の一里に相当するので、朝鮮での三〇〇里とは日本の三〇里に当たり、約一二〇キロメートルということになる。鬱陵島と独島間の実際の距離は約九〇キロメートルなので、張漢相は目測で三〇キロメートルほど遠くに見たのである。当時はまだ海上での距離を正確に測定できなかったのだろう。張漢相は鬱陵島とその周辺を調べてから本土に戻って次のように王に報告した。

「倭人たちが往来した痕跡はありましたが、住んでいたわけではありませんでした。土地は狭く、大きな木が多くて、潮頭（空と海が触れ合うように見える水平線の中央が膨らんだ部分）も平らではなかったので、往来するのは簡単ではありませんでした。島の土質を調べるために麦を植えてきましたので、翌年再び行ってみれば土質についてより明らかになるでしょう」。

この時領議政の南九萬が、続けて鬱陵島とその周辺を調査しなければならないとその必要性を王に建言した。

「民を住まわせるわけにもいかないので、一、二年おきに調査するのが妥当だと思われます」。粛宗はこの南九萬の意見に同意した。

――『粛宗実録』巻二七、粛宗二〇（一六九四）年八月条

張漢相は日本人が入った痕跡は残っているが、居住はしていなかったと言い、潮頭のせいで鬱陵島に行く海路が険しかったと報告した。南九萬は一、二年おきに引き続き鬱陵島とその周辺を調査すべきだと建言して、粛宗はそれを受け入れた。この建言は、朝鮮の朝廷が一八世紀末までほぼ二年おきに鬱陵島とその周辺を調べるきっかけとなった。

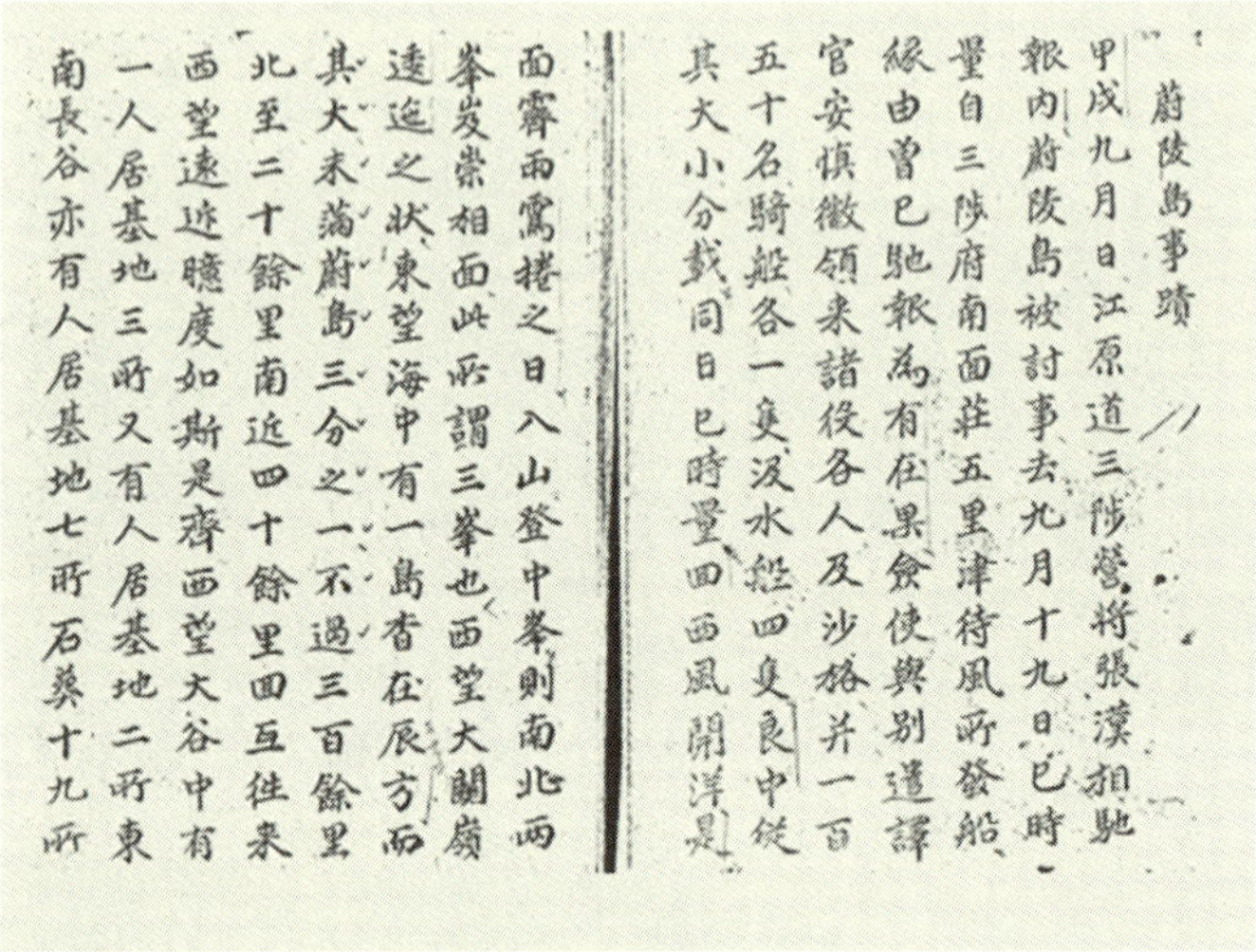

蔚陵島事蹟

甲戌九月日江原道三陟營將張漢相馳
報内蔚陵島被討事去九月十九日巳時
量自三陟府南面莊五里津待風所發船
縁由曽已馳報為有在果僉使與别遣譯
官安愼徽領来諸役各人及沙格并一百
五十名騎船各一隻汲水船四隻良中從
其大小分載同日巳時量西風開洋是

而霽雨霧捲之日入山登中峯則南北兩
峯岌嶪相面此所謂三峯也西望大關嶺
逶迤之狀東望海中有一島杳在辰方而
其大未滿蔚島三分之一不過三百餘里
北至二十餘里南近四十餘里回互往来
西望遠近臆度如斯是齊西望大谷中有
人居基地三所又有人居基地二所東
南長谷亦有人居基地七所石葬十九所

『鬱陵島事蹟』原本（ソウル大学奎章閣蔵）

5　江戸幕府が欝陵島と独島について調査する

欝陵島紛争が起きた際、対馬島主は宗義倫であった。彼は一六九二年から一六九四年九月まで島主だったが、二四歳という若さで江戸の対馬藩邸宅で他界した。朝鮮と激しく論争を繰り広げた橘眞重が対馬に戻った三カ月後のことであった。義倫は名目上の島主であり、実際は引退したはずの彼の父親である宗義真が実権を握っていた。従って欝陵島紛争は島主の父親である宗義真が背後で指示を出していたと言える。彼は朝鮮の強硬な態度を見て、紛争を終わらせる役割も果たした。

義倫が死亡した後に、義倫の弟の義方が対馬島主となったがまだわずか一〇歳だったので、宗義真が後見人となった。結局、欝陵島紛争の最初から最後まで対馬の実権は、島主の父である宗義真が握っていた。

宗義真は一六五七年から一六九二年までの三五年間対馬島主として君臨し、対馬藩の全盛期を築き上げた人物である。彼は朝鮮貿易の拡大、税制改革、農地開発、銀山の産銀増加、城下町と港の整備と拡大、藩の学校創設などで対馬藩の政治・経済的な基礎を確固たるものにした。

しかし急進的な改革を断行したため、臣下たちの反発を買い、晩年には長男の義倫の死亡、対朝鮮貿易収支の減退などが重なり、むしろ対馬藩の衰退を招いた。彼が鬱陵島を占領しようとした背景には、傾きかけた対馬藩の政治・経済的な苦境を打開しようとする意図が潜んでいたともいえる。

宗義真は島主から退いた後、主に江戸の対馬藩邸で暮らしていた。一六九四年、橘眞重が朝鮮と紛争を繰り広げ、島主の義倫が死亡すると、江戸幕府は一六九五年になって鬱陵島紛争について本格的に調査をはじめた。江戸幕府は、大谷・村川家が属した鳥取藩に、鬱陵島がどこに属するのかを確認させた。これに対し鳥取藩は、竹島（鬱陵島）は自分たちの統治する島ではなく、他の藩が統治する島でもないと回答した（以下、一六二頁までの引用文は一六九六年一月付の鳥取県立博物館所蔵文書である）。

竹島（鬱陵島）は遠く離れた島であるため、伯耆守が統治するところではありません。竹島は因幡、伯耆の所属ではありません。他の藩の所属でもありません。

この時、鳥取藩は鬱陵島の領有を明確に否定した。さらに江戸幕府は、鬱陵島の他に鳥取藩の関連した島はあるのかと訊ねた。江戸幕府は独島の存在をこの時点まで全く知らなかったのである。これに対し鳥取藩は、松島（独島）という島があると答えた。

松島と呼ばれる小さな島があります。

一六九六年一月になって江戸幕府は、松島（独島）のみの調査を行った。これに対して鳥取藩は、次のような覚書と別紙を作成して江戸幕府に送った。

〈覚書〉
福浦（隠岐の島の港）から松島（独島）まで八〇里程度
松島（独島）から竹島（鬱陵島）まで四〇里程度

〈別紙〉
松島（独島）まで伯耆国（現鳥取県の一部）から一二〇海里程あります。
松島（独島）から朝鮮までは八〇～九〇里程と存じております。
松島（独島）は、どこかの国（日本内の国）に付属する島ではありません。

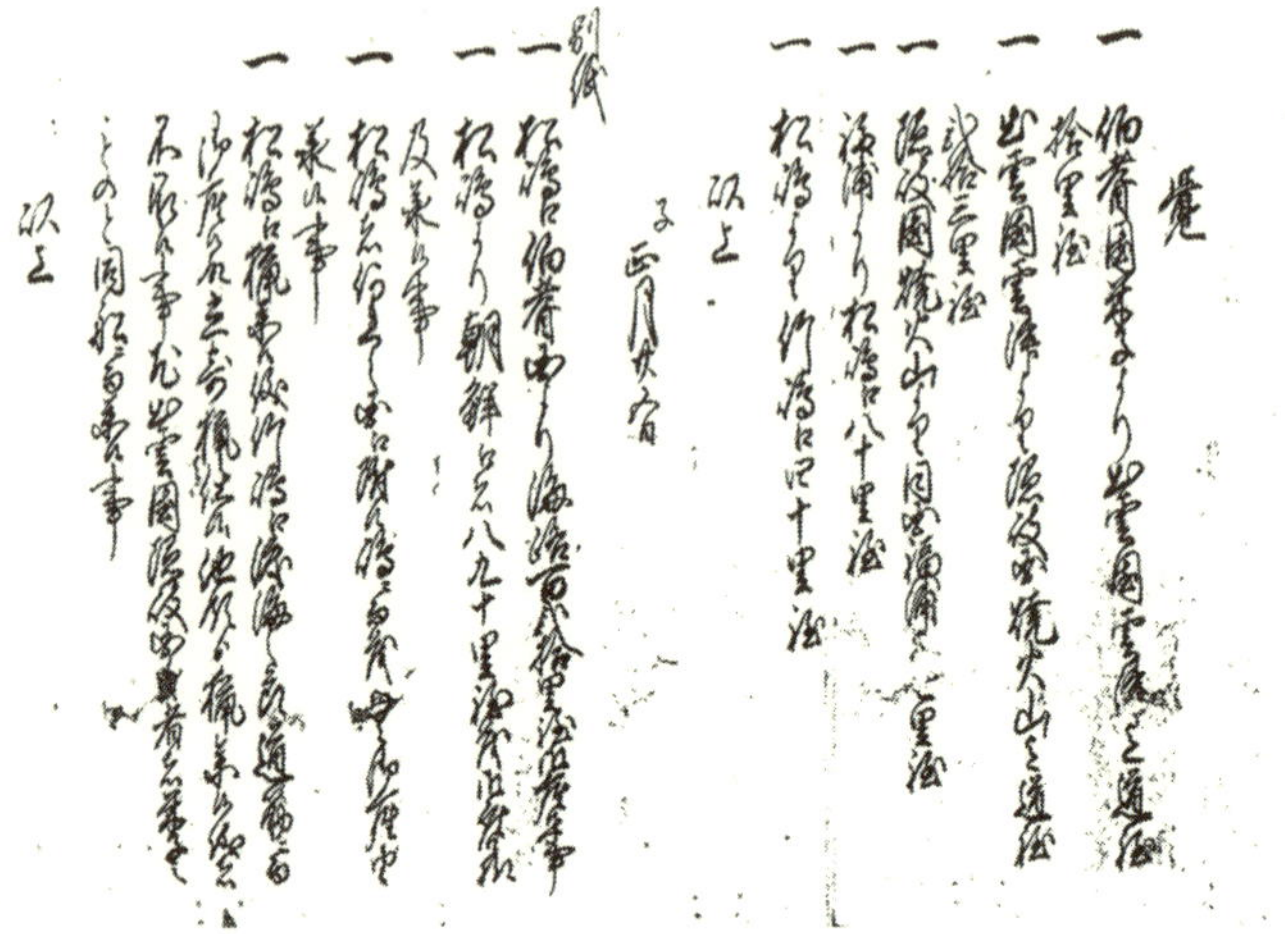

覚書と別紙（原本）（鳥取県立博物館蔵）

松島（独島）へ漁業をしに行ったのは、竹島（鬱陵島）へ渡海する際の途中にあるため、立ち寄って漁業をしました。他の藩から漁業をしに行くということは聞いたことがありません。但し、出雲、隠岐の人々は米子の船で一緒に行くと聞きました。

以上。

——鳥取県立博物館所蔵文書

このような回答を受け取った江戸幕府の老中たちは、鬱陵島への渡海を禁止することにした。鬱陵島に行かなければ独島にも行かないので、鬱陵島渡海禁止令は事実上鬱陵島及び独島渡海禁止令であった。

日本の研究者は、一六九六年一月に江戸幕府が鬱陵島への渡海を禁止した後、明治時代の初期までは鬱陵島と独島を日本人が経営したということを証明するのは難しいと認めている。（川上健三『竹島の歴史地理学的研究』一九六六年、一九〇〜一九一頁）しかし日本の研究者たちは、江戸幕府が松島（独島）に対する渡海は禁止しなかったと強調する。

そのように日本が主張する根拠は、一六九六年一月二八日に作成された「竹島（鬱陵島）渡海禁止に関する奉書」に松島（独島）に関しては何の言及もないからである。

その奉書は次のようである。

以前、松平新太郎が因州（因幡州）と伯州（伯耆州）を領地とした時、機会を窺っていた伯耆米子の商人村川市兵衛、大屋甚吉が竹島（鬱陵島）へ渡海するに至って現在まで漁労してきたのだが、今後竹島へ渡海することは禁止すると（将軍が）言われるので、これを肝に銘じるべきです。（原文：先年松平新太郎因州伯州領知之節相窺之伯州米子之町人村川市兵衛大屋甚吉竹嶋江渡海至爾今雖致漁候向後竹島江渡海之儀制禁可申付旨被仰出之候間可被存其趣候　恐々謹言　正月廿八日　土屋相模守　戸田山城守）

——国立公文書館所蔵『公文録』

この奉書は竹島（鬱陵島）のことだけに触れており、松島（独島）のことは言及していない。ところが前述したように一月二八日のこの奉書を作成する三日ほど前に、江戸幕府は松島（独島）について鳥取藩に照会した事実があった。そして鳥取藩は独島が自国の領地ではないとはっきり回答したことをここで述べてきた。

鳥取藩の回答、つまり松島（独島）は鳥取藩の領地ではないという回答を受け取った直後に、江戸幕府は竹島（鬱陵島）渡海禁止令を下したのである。結局、鬱陵島と独島は日本のどの藩にも含まれず、独島は鬱陵島へ行く途中の島であり、前に見たように独島（松島）渡海免許は存在しなかった。結局、独島渡海免許が存在しないため、独島渡海をあらためて禁止する必要はない。鬱陵島渡海禁止令には独島渡海禁止令が含まれているのである。鬱陵島に行かなければ、独島に行くはずがないからである。当時は独島渡海だけでは何の利益にもならなかったし、江戸幕府も独島は鬱陵島の付属としか考えていなかった。そして実際にその後、約二〇〇年にわたって鬱陵島と独島に渡海した日本人は、違法者を除いては全く存在しなかった。独島には伐採して採算が取れるような林はない。独島周辺の漁場だけを目当てにし渡海しても採算が取れなかった。当時、独島だけでは経済的な価値はなかった。

当時の日本の文書には、「竹島内松島」という記録が見られ、鬱陵島には独島が含まれるという見解を幕府が持っていたことが分かる。

また、前述のように一八七〇年の外務省の公文書である「朝鮮国交際始末内探書」には「元禄時代（一七世紀末）に竹島と松島（独島）は朝鮮の付属になった」と明確に記されているし、一八七七年の日本政府の公文書（国立公文書館所蔵『公文録』「太政官指令文」収録）にも「竹島とその外の一島（松島＝独島）の件は、元禄五（一六九二）年以来、朝鮮人たち（安龍福一行）が入島して以来、本邦（日本）とは関係がなくなった」と明確に記されている。つまり、一七世紀の末に独島が朝鮮領になったと日本は公文書を通じて何度も認めているのである。

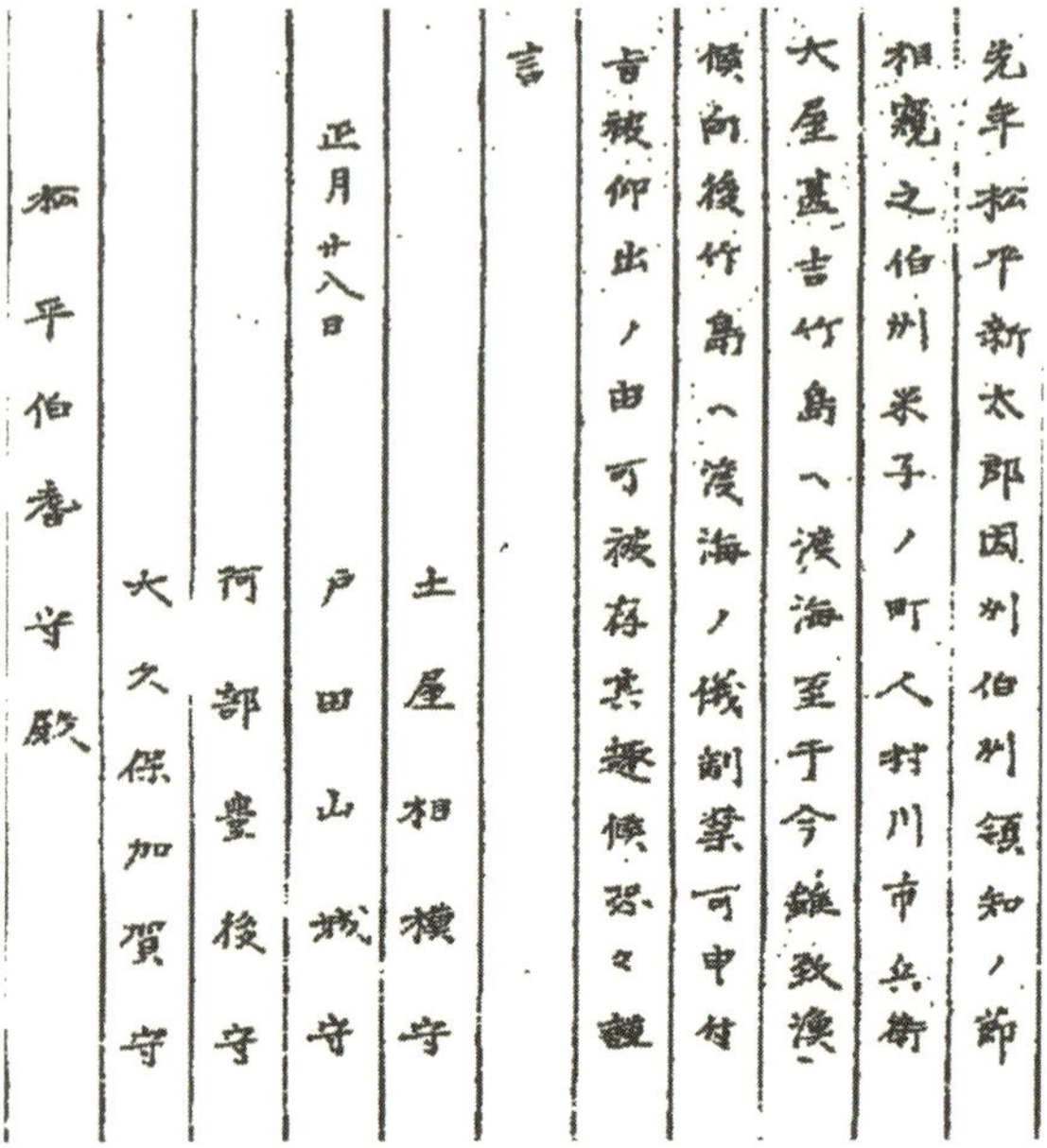

先年松平新太郎因州伯州領知ノ節
相窺之伯州米子ノ町人村川市兵衛
大屋甚吉竹島へ渡海至于今雖致渡海
候向後竹島へ渡海ノ儀制禁可申付
旨被仰出ノ由可被存其趣候恐々謹
言
土屋相模守
正月廿八日　戸田山城守
阿部豊後守
大久保加賀守
松平伯耆守殿

竹島（鬱陵島）渡海禁止に関する奉書（原本筆写本）
（国立公文書館蔵）

6　江戸幕府、鬱陵島渡海を禁止する

江戸幕府が鬱陵島渡海禁止令を下す過程については「太政官指令文」（一八七七）に当時の文書が別紙として挿入されている。その内容を基に鬱陵島紛争が日本でどのように終わりと告げたのか調べてみよう。

対馬藩主の（父である）宗義真は、江戸城に入城して鳥取藩主をはじめ、四人の老中たちと顔を合わせた。老中の戸田山城守は竹島（鬱陵島）に関する渡海禁止覚書一通を鳥取藩主に渡した。

戸田山城守は伯耆国米子の商人たちが竹島（鬱陵島）へ渡海して漁業をした際に、朝鮮の人々もその島に上がって漁業をした。そのうち日本人と揉め事が起こったため、これ以降米子の商人たちの渡海を禁じる、として、次のように言われた。

「本来、竹島（鬱陵島）に関してはよく分からない。今まで伯耆州が出漁していた経緯に関しては松平伯耆守殿から伺ったが、（鬱陵島は）因幡や伯耆に属する島でもないと言われた。

過去、米子の二人の商人が航海したいと言い、当時の領主であった松平新太郎殿からも要請があったので許可した。以前は航海する際、新太郎殿に奉書を送って許可した。それは第二代将軍の徳川秀忠殿が治めていた時代のようである。

これが事件のいきさつだった。出漁しただけだったので、朝鮮の島を奪おうとしたわけではない。島に日本人は住んでいない。島に行く道のりを聞いたが伯耆から一六〇里程で朝鮮からは四〇里ほどの距離であるため、（竹島とは）朝鮮国の鬱陵島のことのようである。

日本人の居住者がいるのなら日本の所有にすべきなので、今更朝鮮に渡すわけにはいかないが居住に関しては証拠もないため、我が国のほうからそれを言う必要はないだろう。また対馬島主が『鬱陵島は朝鮮の地という文を朝鮮の回答書簡から削除してほしい』と書き送った件に関しては、（朝鮮からの）返信が届く前に対馬島主が亡くなったため、彼らの返信は朝鮮にそのまま残るようになったという。それでは、竹島（鬱陵島）の件に対する対馬島主殿の意見はすでに朝鮮に伝わっているので、これ以上何も言わない方がいいのか、それとも竹島の件に関して書簡等の方法で改めて意見を述べた方がいいのか。

アワビを採りに行っただけの無益な島なので、この件で朝鮮との長い通交が断ち切られてはならない。威光や武威をもって言い立てるのも筋違いなので、それを進める訳にもいかない。

　従って、竹島の件はこれ以上進めないことにする。例年の渡海は行わないことにした。朝鮮人たちがその島に渡海するため、老中の土屋相開模守殿は（日本人は）航海しないように重ねて言い渡すようにと言われた。本来（鬱陵島への渡海は）いけないことだったと言われた。無益なことに深く関与することも考え直すべきである。

　鳥取藩主殿は、最初に渡海しても良いといったのを今になって渡海してはいけないとは言えない、と悩んでおられるようだが、それは全く問題にならない。我々が問題にならないように気を配るので、心配せずに思い通りに指示なさるべきである。そちらの方（大谷・村川両家）も承知していることなので、心配なくおっしゃるべきである。

　同じことを幾度も申し上げるのはくどいようであるが、異国に通報することなので知っている通りに幾度も伝えるべきと考えた。一応手続きを決めた後に、上部に申し上げるべきと存ずる。

　以上のようにお話した趣旨は、（両国が）互いに記憶するために文書を送るということなので、直ちに覚書を作成して読んでみたところ、ただ今申し上げた内容が一通り書かれていると思われる。

　今後、日本人は二度と竹島（鬱陵島）へ航海しないようにしたので、竹島を（朝鮮に）返

すという言い方も妥当ではない。元々奪った島ではないので、返すという言葉を使うのも筋違いである」。（傍点は著者）

――『太政官指令文』別紙一号［元禄九（一六九六）年一月二八日（抜粋文）］

このように一六九六年一月二八日に江戸幕府の老中たちは鳥取藩主と対馬島主の父親である宗義真に、今後鬱陵島へ日本人が渡海してはいけないという覚書を渡した。老中たちはまず鳥取藩主が、鬱陵島は自領ではないと言及したことを挙げている。そして朝鮮の島を奪ったわけではないため、返すという言葉は適当ではないので渡海さえ禁止すればいいのだと言った。鬱陵島は地理的に日本より朝鮮に近い。鬱陵島に日本人が住んでいたら簡単に朝鮮のものとは認められないが、居住したという根拠もないので渡海を禁止することが朝鮮との友好を守る道だと老中たちは結論付けたのである。

ここで重要なことは、老中たちが「本来（鬱陵島への渡海は）いけないことだった」と言って、鬱陵島渡海免許の発行についての過ちを自ら認めたことである。それは、鬱陵島渡海免許そのものが最初から不法だったことを意味する。結局、不法に渡海免許を発行したことを老中たちが自ら認めたのである。一七世紀の初めに鬱陵島が無人島ということで渡海を許可した江戸幕府の老中たちが、鬱陵島紛争の原因を提供したという事実が、この文献を通して明らかになった。

また老中は「一応手続きを決めた後に、上部に申し上げるべきと存ずる」と言った。これは鬱陵島の渡海禁止令はまず老中が決定したという告白でもあった。上部、即ち江戸幕府の将軍には事後報告するという意味である。このように江戸幕府のいろいろな決定は直接将軍が下すのではなく、その下にいた老中たちが決定した場合が多かった。そして老中たちが言葉巧みに将軍に報告すれば、大体は老中たちの思い通りになったと言っても過言ではない。

鬱陵島の渡海免許を発行したこと、鬱陵島紛争が起きた時に対馬藩に朝鮮の漁民たちが竹島（鬱陵島）に入らないように朝鮮に通報せよと命じたこと、最終的に日本人の鬱陵島渡海を禁止したこと、これらは全て江戸幕府の名で下された決定だが、これらは将軍の決定というより老中たちの判断で決められた結果であった。また、老中は四、五年おきに変わる場合が多かったので、前任者の決定と矛盾した決定を下す場合も多かった。

【コラム5】対馬での朝鮮と日本の関係

韓国では対馬も本来は自国の領土と主張しているが、これに対して日本は基本的に無視している。それは日本側の知る歴史的な事実によるものであり、日本が韓国の主張を受け入れない理由は次のようである。

日本の歴史書『古事記』(七一二年)の建国神話に、対馬は日本の神の創った島と記録されている。建国神話では対馬は「津島」という名前で記されている。現在対馬の読みは「つしま」である。しかし本来は発音は同じだが「津島」という漢字を使った。日本は、日本の最古の神話の中で日本の領土と記録された対馬は、元々から日本の固有領土だと主張している。

中国の魏の歴史書『魏志』の「東夷伝倭人条」を見ると、対馬は倭に属する国として「対馬国」と記録されている。この書物によれば、対馬国は三世紀に日本に存在した邪馬台国に属しており、他の倭の国々と同様に「卑狗」という大官と「卑奴母離」という副官が統治した国だった。人口は約一〇〇〇戸ほどで、人々は海産物を採集しながら他国と交易して生活していたと記録されている。

『三国史記』には第一八代新羅王の實聖尼師今の治世七(四〇八)年に、倭人が新羅を攻撃するため、対馬に軍営を設置したと書かれている。六六三年に百済と日本の連合軍が白村江（現在の錦江）で新羅・唐の連合軍に大敗して百済復興運動が挫折した後に、倭は新羅・唐連合軍の侵攻に備える目的で対馬に「防人」という監視員を置き、六六七年には対馬に金田城を構築した。六七四年には対馬の厳原に地方政府を置いた。七四一年には奈良の東大寺の分寺として日本全国に建てられた国分寺が対馬にも建てられた。

一二世紀に入って宗氏一族が、北九州から対馬に入島した。その後、宗氏は一二四六年に対馬最大の豪族だった阿比留氏を征伐することで地方政府の九州探題から対馬島主に任命された。

一二七四年と一二八一年には、元・高麗連合軍が日本遠征を敢行して、まず対馬を襲撃して男たちを皆殺しにした後、女たちの手の平に穴を開け、紐で通して船に結びつけてぶら下げたまま、北九州へ攻め込んだ。元も高麗も、対馬を日本領と見ていたためである。

高麗時代と朝鮮時代の対馬は、倭寇の最大の拠点であった。倭寇とは、倭の海賊という意味であるから、高麗も朝鮮も対馬を倭寇の出る日本領と見ていたことになる。

一四一九年、朝鮮王太宗は倭寇の退治と対馬を朝鮮領土とする目的で、約二〇〇隻の軍船で対馬を攻撃したが、対馬島主は最後まで抵抗して朝鮮川の目的は達せられず、対馬は日本領として残った。

その後朝鮮は倭寇の取り締まりを目的として対馬島主に朝鮮官職を賜り（一四四三年）、年間米二〇〇石の支給を約束した。しかし対馬島主の受けた朝鮮の官職は名誉官職であり、実際の官職は九州探題からの日本領対馬島主であった。その後対馬は、朝鮮へ渡海する対馬の船舶に許可証を与える役割を担った。

しかし一五一〇年に、日本人たちは居留していた朝鮮の三浦で反乱（三浦倭乱）を起こした。当時、対馬島主の息子だった宗盛順は隊長になって対馬の援軍を率い三浦に滞在していた日本人側に立って朝鮮王朝と戦った。このようにして対馬軍と朝鮮に滞在中の日本人が朝鮮軍と戦ったが大敗し、宗盛順は戦死してしまった。この事件を見ても対馬は最終的には常に日本側に立った。すなわち対馬は朝鮮の島ではなかった。

一五八七年の豊臣秀吉の九州征伐の際、秀吉軍に協力を約束した宗氏は領地を保つことができた。その後、対馬島主は秀吉によって対馬州太守に任命された。これがその後の対馬島主の正式な官職名である。

一五九二年に秀吉の朝鮮侵略戦争である文禄の役が始まったとき、対馬島主の宗義智の軍勢五〇〇〇人は小西行長の第一部隊に配属されて真っ先に朝鮮に上陸した。対馬は日本側に立って朝鮮を蹂躙したのである。

一六〇三年に成立した江戸幕府に服属した対馬は、朝鮮への日本の窓口という役割を担当した。江戸時代に対馬は対馬藩となったが、藩主は参勤交代制により二年のうち一年は、江戸にある対馬藩の邸宅に居住しなければならなかった。つまり、江戸幕府の下に対馬藩は服属していたのである。

明治時代（一八六八～一九一二）に入ってからは、対馬藩は対馬として長崎県に編入された。その後、現在まで対馬は長崎県所属の島である。

一九四五年、日本は太平洋戦争で連合軍に敗北し、その後連合国との間にサンフランシスコ講和条約を締結したが、その過程で韓国の李承晩大統領は「対馬は韓国領」と主張したが、連合国は対馬を日本領とし、李承晩もそれを受け入れざるを得なかった。

対馬島主が朝鮮から名誉官職を受けたこともあったが、対馬は実際に日本の歴代政権の支配下にあり、そこから正式な官職を受けていた。これは対馬の特殊性と境界性によるものである。以上のような歴史に基づいて、日本は対馬が韓国領土という主張に同意しないのである。

第六章　安龍福の第二次渡日と鬱陵島争界の終焉

鬱陵島争界、日本では竹島一件と呼ばれる事件は、安龍福など朝鮮の漁夫たちが一六九三年に鬱陵島で日本の漁夫たちに遭遇し、安龍福と朴於屯の二人が日本に連行されて始まった。そして対馬島主が二人を釜山の東萊府に送還し、その後対馬藩は鬱陵島を奪取しようとしたが、一六九六年一月二八日に江戸幕府が鬱陵島への渡海禁止令を下して一件落着したと言える。

しかし幕府の鬱陵島渡海禁止令は、同年八月まで鳥取藩には伝わらなかった。朝鮮にこの命令が伝わったのは一六九七年一月だったが、これは江戸幕府が決定を下してから一年も過ぎた頃であった。そのため朝鮮としては、一六九七年初めまで鬱陵島争界がそのまま続いていたことになる。

そして、鬱陵島渡海禁止令が鳥取藩に伝わる前に、ある事件が起きた。それが安龍福など一一名の朝鮮人が自ら日本に渡った事件である。いわゆる安龍福の第二次渡日事件である。これは一六九六年五月の出来事だったので、江戸幕府が鬱陵島への渡海禁止令を下したことをまだ鳥取の漁夫たちや安龍福などが知らなかった時期である。安龍福一行は途中で隠岐の島の官吏に陳述したように、「鳥取藩で訴訟すること」があって渡日したのである。この事件が、日本人が常に徹底的な批判を試みる「安龍福事件」である。

1　安龍福、鬱陵島で日本の漁夫たちと再び遭遇する

安龍福は第二次の渡日後に朝鮮に帰って逮捕され、備辺司《ビビョンサ》で尋問を受けた。この時安龍福は、一六九三年に日本に拉致された際に、関白（幕府将軍）が鬱陵島は朝鮮領だと確認してくれた書契を鳥取藩主を通して受け取ったと陳述した。

これに対して日本は、安龍福が越境という重罪を免れるために、偽りを申し立てたと主張してその事実を否定している。

日本は、安龍福が一六九二年と一六九三年に朝鮮の法を犯して、渡海禁止令が下されていた鬱陵島へ渡海し、一六九六年には意図的に朝鮮の国境を越えて日本に渡った犯罪者であると主張する。それ故に、安龍福が朝鮮の備辺司で陳述した内容には、重罪を免れるための虚偽の申し立てが多く含まれていると強調する。

しかし日本が安龍福に対して非常に強く批判しているのは、それほど安龍福事件が日本にとって徹底的に否定しなければならないほどやっかいな内容を含んでいるからである。また日本の安龍福批判は、安龍福の陳述や行動を全て虚偽とだけで見ているので客観性に欠けるとい

う大きな問題を抱えている。まず、そのような一方的な態度は学問的な態度ではない。歴史的な真実は何かという問題に対して望ましい態度とは、一方的な決め付けではなく、客観的な姿勢で問題を研究する態度にあることは言うまでもない。

安龍福に関しては『朝鮮王朝実録』などの官撰書に詳しく記されているが、日本はその内容をほとんど否定する。日本の問題点は、日本の記録と韓国の古文書に書かれている安龍福の行動と証言などを比べながら、日本の記録になかったり自分たちが認めがたい内容はすべて虚偽と否定する姿勢にある。

ここでは『粛宗実録』に載った安龍福に関わる記録の中で、日本が批判・否定する内容を整理し、これに対する韓国側の反論と克服を提示する形で文章を進めることとした。

2　安龍福の第一次渡日と当時の日本

元禄五（一六九二）年、欝陵島に渡海した村川家の船は、欝陵島で初めて朝鮮人と遭遇した。欝陵島にいた朝鮮人は五三人だったが、それに比べて日本の漁夫たちは二一人しかいなかったため、多くの朝鮮人が欝陵島に上陸していたという証拠だけを確保して、その年の村川家の船は早めに鳥取に引き返した。

村川家の船頭の書いた『口上の覚』には、当時のことについて記録が残っている。鬱陵島で遭った朝鮮人の中に日本語が話せる者がいたため、「この島は幕府の将軍より拝領して毎年渡海している島だ。それなのになぜお前たちはここに来たのか」と叱るように尋問したと書かれている。ここで日本語が話せる朝鮮人とは、安龍福を指している。

翌年の一六九三年三月には、鳥取藩から大谷家の船が鬱陵島に渡海した。この年もまず朝鮮人が鬱陵島で漁業活動をしていた。ところで朝鮮人たちの中には日本語のできる安龍福がいたので、大谷家の漁夫たちは安龍福を拉致し、もう一人の朴於屯という漁夫と一緒に日本の船に乗せて鳥取へ戻った。大谷家の人たちは、前年にも竹島（鬱陵島）に来るなと厳しく言ったにもかかわらず、朝鮮人たちが再び竹島に来ていたので、それにより大きな被害を被ったことを公にするために二人を連行したと記録した。

この時、大谷家の船は鳥取の米子に向かう前に、まず松島（独島）に寄り、そして隠岐の島に寄港した。ここで隠岐の島の官吏たちは安龍福などを取り調べて、一カ月後の四月二八日に鳥取藩へ調書を送った。その二日後に江戸にいた鳥取藩主はその調書を受け取っている。

当時の江戸幕府将軍は、第五代目の徳川綱吉（在位：一六八〇〜一七〇九）であった。学問好きであり、儒教を重視した将軍綱吉は、一六八七年に生きものを殺すな、という実際には守れない「生類憐みの令」を発布した。これは江戸時代の日本人にとっては相当な悪法であった。

特に綱吉は戌年生まれだったので、一〇〇匹以上の犬を飼っていた。そして犬を虐待したり、殺したりすることを最も厳しく禁じていた。そのため当時は、犬を殺した武士が死刑に処されるという笑えない事件も発生した。それでも違反者が減らないため、綱吉は御犬毛付帳制度を設けて犬を登録制にし、また犬目付職を設けて犬への虐待を取り締まった。この期間、日本の庶民たちは犬に仕えていたわけである。文化と儒教を過って重んじた将軍の歪んだ命令のせいであった。

こんなわけで綱吉将軍は肉を食べなかったため、毎年大谷家と村川家が献上したアワビについてもさほど興味がなかった。しかし、この時期には魚類などを殺すのは法の対象外であったので、大谷・村川両家は引き続き鬱陵島へ渡海することができた。

朝鮮は一六八二年に綱吉の将軍就任を祝うため、尹趾完《ユン・ジワン》を正使とする朝鮮通信使を日本に派遣した。その後、綱吉が亡くなって二年後の一七一一年には徳川家宣の将軍就任を祝う目的で、趙泰億《ジョ・テオク》を正使とする通信使を派遣した。このように鬱陵島の紛争はあっても日朝間の友好関係は続いていた。

3　米子と鳥取城での安龍福

安龍福などが日本に拉致されてから五〇日ほど経った五月の初旬、安龍福等に関する「朝鮮人の口上書」が江戸幕府に届けられた。続いて五月二六日には、江戸幕府からこの事件に対して指示が下された。それは朝鮮人二人を陸路で長崎まで護送せよという内容であった。『竹島考』には「幕府の老中が朝鮮人に今後は竹島（鬱陵島）に渡海しないように厳しく言い付け、肥前の国長崎まで二人を送還せよという趣旨」が決定されたと記されている。つまり江戸幕府の命令は、将軍ではなく老中たちが下したのである。

そして朝鮮人たちを長崎に送る前に、因幡の鳥取城まで連れて来いという命令があった。安龍福等は、三人の護衛藩士と医師の付き添いで米子から鳥取城に向かった。

安龍福等は六月一日に鳥取城下に着き、まず家老の家に留まってその翌日から一週間は鳥取城下の集会所に収容された。二人が家老の邸宅から城下町の集会所に送られた夜に、鳥取城の重臣四人が安龍福と朴於屯に会った。安龍福は、第一次渡日の時に鬱陵島は朝鮮領と書かれた書契を関白（将軍）から受け取ったと備辺司で陳述したが、彼が書契を受け取れた可能性があるのは、安龍福が鳥取城にいた時だけである。その場合、安龍福が鳥取城を江戸城と勘違いしたか、重臣の中に鳥取藩主がいて将軍に代わって書契を安龍福に渡した可能性もある。

その後安龍福等は長崎に送られたが、その旅程には鳥取藩の家臣二名、医師、五名の警護、何人かの下級武士、御輿を担ぐ者、調理人等が同行した。これを見ると、安龍福等を異国からの客人として丁重に接待していたことがわかる。安龍福等に対する老中たちの命令と鳥取藩の接待は非常に対照的だが、鳥取藩での安龍福などに対する歓待からみると、書契を受けたという安龍福の陳述が全くの虚偽だとは言いがたい。

二〇〇五年に隠岐の島で発見された『元禄九丙子年、朝鮮舟着岸一巻之覚書』は、安龍福が第二次渡日の際に隠岐に漂流したときに、隠岐の官吏たちによって安龍福たちの陳述が記録された貴重な日本の文書である。この文書では安龍福が「鳥取へ行って訴訟することがある」と陳述しつつ、訴訟状を舟の中や村長から借りた民家で作成したと言う記録がある。その後の安龍福の鳥取での行動は『粛宗実録』に記されているが、安龍福が幕府に訴訟しようとした対象は鳥取藩と対馬藩であると推察される。

安龍福によれば、鳥取藩は鬱陵島を朝鮮領と認めたのにその後も鬱陵島に船を送っている。対馬藩は第一次渡日の時に、書契を奪い取った藩であると安龍福は備辺司で陳述している。日本の隠岐での記録には、安龍福は鳥取で訴訟を起こすと言ったと記録されており、その後の彼の行動を記した『粛宗実録』には、鳥取藩主からは二度と再び鬱陵島に船を送らないという約束を取り付け、鳥取に江戸からやってきた対馬島主の父宗義真が安龍福に懸命に哀願したために、安龍福は対馬藩の数々の罪状を訴訟状にして江戸幕府に送ることを断念した経緯が記されている。これらのくだりから、安龍福が日本で書契を受け取ったという安龍福の陳述が全て嘘であるとは言いがたい。この点は、今後の研究に期待しなければなるまい。

さて第一次渡日で、安龍福等は六月七日に鳥取城を出発し、六月三〇日に長崎に到着した。そして七月一日に長崎の代官所に身柄が引き渡された。その後二人は対馬藩の官吏から取り調べを受け、九月三日に対馬藩に到着して九月末に対馬藩の使者である橘眞重（多田与左衛門）と共に朝鮮に戻った。長崎と対馬藩では鳥取とは違って、二人は日本領竹島に侵入した罪人として過酷に取り扱われた。それは江戸の老中が、竹島（鬱陵島）への朝鮮漁夫たちの出漁を禁ずるようにと対馬藩に命じたからであった。

4　安龍福の第二次渡日の動機

それから三年後の一六九六年八月、安龍福は第一次渡日を終えて、朝鮮に戻ってきた。第一次渡日のときは対馬を経て釜山の倭館に帰還したが、第二次渡日のときは対馬ルートではなく、船で江原道の襄陽《ヤンヤン》に戻ってきた。安龍福一行の一一人はそこで朝鮮官吏に逮捕され、備辺司で取り調べを受けた。この時安龍福は第二次渡日を敢行した動機について次のように答えた。

備辺司で安龍福等を取り調べた。安龍福曰く、「私は元々東莱《トンネ》に住んでいるが、母親の家を訪ねた後で蔚山《ウルサン》に行きました。そこで雷憲《ネホン》らに会って近年欝陵島に行ってきたことを話し、その島は海産物などが豊かだと言ったのだが、雷憲らはその話に欲を出して、結局船に同乗することになりました。寧海《ヨンヘ》の船頭である劉日夫《ユ・イルブ》たちと一緒に出発して、島に到着しました。（中略）欝陵島にはたくさんの倭船が停泊しようとしていたため、船の人たちは皆恐れました」。

――『粛宗実録』巻三〇、粛宗二二（一六九六）年九月二五日

安龍福は近年に欝陵島に渡海したことを話し、雷憲という僧侶たちが行ってみたいと言ったため、一六九六年に彼らと一緒に総勢一一人が欝陵島へ渡海したと供述した。その時に多くの日本の船も欝陵島に来たという。

この安龍福の供述に対して日本側は、一六九六年には鳥取藩の漁民たちが欝陵島へ渡海した記録がないので、安龍福の陳述は偽りだと批判する。

ところで一六九六年に日本の船が鬱陵島に行ったとすれば、多くの文献からそれは一六九六年五月のこととなる。そのときはまだ鳥取の大谷・村川両家には、鬱陵島渡海禁止令が伝わっていなかった。そのため通常通りに鳥取の船が鬱陵島に行った可能性は否定できない。記録がないといっても鳥取藩は自藩に不利な記録を無くしてしまうことも可能だったということを考えるとき、記録の有無は本質とは関係が無い。安龍福が鳥取に現れたということを知った江戸幕府は当惑し、鳥取の漁民たちに、早く鬱陵島への渡海が禁止された旨を知らせるようにと命じている。

一六九三年に日本に拉致された頃には、安龍福は鬱陵島や于山島（独島）に関してあまり知識がなかった。しかし第二次渡日のときに鬱陵島と于山島（安龍福は、子山島と言った）が、日本の言う竹島と松島（独島）であり、その二つの島は朝鮮領土であることを確実に知った上で渡海している。それは彼が第二次渡日の前に、鳥取藩と対馬藩に抗議するため、二つの島に対する調査を完了していたからと判断される。

5　日本の漁民たちを追撃した安龍福

安龍福は鬱陵島に侵入した日本の漁民たちを追撃して松島（独島）に行ったと『粛宗実録』

に記録されている。そこで釜で魚を煮て食べようとしていた日本人たちを追い出し、船で追撃する過程で強風に吹かれて隠岐へ漂流したと書かれている。安龍福一行が鬱陵島から松島（独島）を経由して、強風のため隠岐に漂着したという内容は、隠岐の公文書である『元禄九丙子年、朝鮮舟着岸一巻之覚書』と『粛宗実録』が一致している。

拓殖大学の下條教授は、安龍福が見た松島（独島）とは隠岐の島だったと主張しているが、『元禄九丙子年、朝鮮舟着岸一巻之覚書』と『粛宗実録』によれば、安龍福が「鬱陵島⇓松島（于山島＝独島）⇓隠岐の島」という経路を通ったのは確実なので、下條氏の主張は根拠薄弱のため成立しない。

それで私は大声で「鬱陵島は本来朝鮮の地なのに、倭人がどうして大胆にも越境して侵犯するのか。お前たちは全員縛られて当然だ」と叫びながら、再び船首に立って大声を上げると、倭人曰く、「我々は元々松島に住んでいるが、たまたま漁労に出たのだ。今ちょうど松島に戻るところだ」と言いました。そこで私は「松島はすなわち子山島（＝于山島）だ。これも間違いなく我が国の領土だ。お前たちがなぜそこに住んでいるのか」と言って、その翌日の夜明けに船で子山島に着くとちょうど倭人たちが釜で魚を煮付けていたので、棒切れでその釜を叩き壊し、大声で咎めました。倭人たちは慌てて船に乗り、帆を上げて帰って行きました。それで船でその倭人たちを追いかけましたが、突然強風に巻き込まれて隠岐の島に漂着してしまいました。

――『粛宗実録』巻三〇、粛宗二二（一六九六）年九月二五日

安龍福は、独島の昔の朝鮮名であった干山島を「子山島」と言った。これは安龍福が干山島の「干」の文字を「子」と間違えて読んだためと思われる。この点に関しては日韓の見解に対立は無い。『元禄九丙子年、朝鮮舟着岸一巻之覚書』には安龍福たちが日本人を追ってきたという記録は無い。だからといってその事件が無かったとは言えない。安龍福たちは鳥取に行って訴訟を起こすということは言ったがその訴訟内容に関しては話さなかった。安龍福たちは隠岐の島での供述に、この例でも分かるように慎重な態度を取っていた。そのため、鬱陵島や独島で日本の漁民たちを追い出したというような話を日本領の隠岐では避けた可能性がある。

6　一六九六年、隠岐の島に漂着した安龍福

（1）新しい資料の発見

安龍福など一一人は隠岐の島に漂着したが、当時の状況については二〇〇五年五月に発見さ

れた前述の新資料『元禄九丙子年朝鮮舟着岸一巻之覚書』に詳しく記録されている。
隠岐の島在住の村上助九郎《むらかみすけくろう》という人が、三〇〇年以上前から一家に伝わっている資料を公開した。村上氏の先祖は村上天皇（在位：九四六〜九六七）の末裔であり、隠岐に島流しにされた後鳥羽上皇の墓を代々守った宮家の人物だった。この一家が当時の記録を三〇〇年以上も保管することが可能であったのは、村上家が長く宮家の旧家という立場であったためと思われる。

この資料によると、安龍福は隠岐の官吏たちに竹島（鬱陵島）と松島（独島）は朝鮮の江原道に属していると主張している。この文書の題名にある「元禄九丙子年」とは一六九六年を指す。韓国では『毎日経済新聞』が二〇〇五年五月一九日に報道しているが、その内容は次の通りである。

一七世紀後半、漁夫出身の民間外交官安龍福が日本の伯耆守を訪ねて朝鮮地図を見せながら、独島は朝鮮領だと主張した記録が発見された。島根県発行の『山陰中央新報』は一七日に島根県隠岐の島に位置する古家の倉庫から、このような記録のある古文書が発見されたと報道した。これによると、安龍福は一六九六年に隠岐の官吏の取り調べに対し、独島と鬱陵島は朝鮮領土と主張した。この『元禄九丙子年朝鮮舟着岸一巻之覚書』という

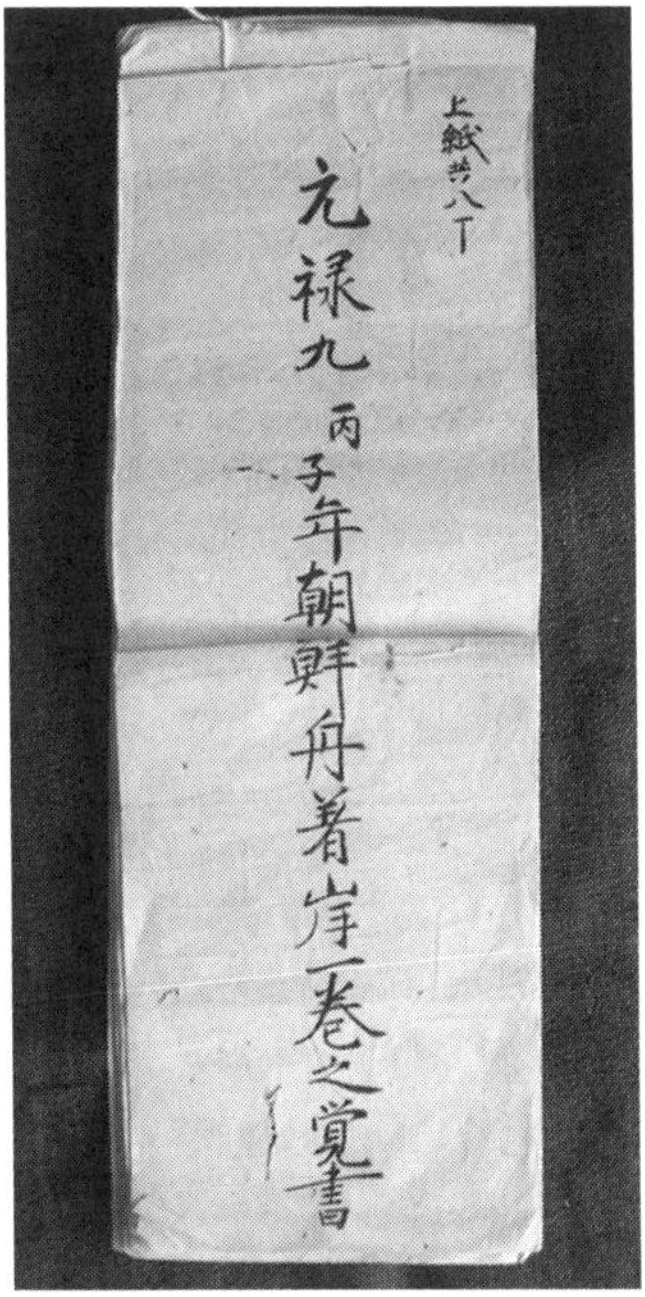

『元禄九丙子年朝鮮舟着岸一巻之覚書』表紙
（東北亜歴史財団提供）

記録によると、安龍福は朝鮮の江原道に属する鬱陵島は日本で言う「竹島」であると説明しながら、手持ちの朝鮮八道地図を取り出し鬱陵島が表示されていることを見せたという。

——『毎日経済新聞』二〇〇五年五月一九日

日本でも『山陰中央新報』が二〇〇六年一月三日に、この文書に関して次のように報道している。

島根県海士町の旧家・村上家。ここで昨年五月、三〇〇年余り眠っていたある古文書が、同家の四八代当主、助九郎さん（六六）により公表された。「元禄九丙子年朝鮮舟着岸一巻之覚書」と表書きされ、一六枚からなる古文書は、江戸中期の一六九六年、鳥取藩への渡航途中、隠岐に立ち寄った朝鮮人・安龍福を取り調べた調書だった。実は、「竹島（韓国名・独島）の日」条例が島根県議会で昨年三月に可決される一週間前に見つけていた。しかし、友人の解読で、安が松島（現竹島）を江原道の子山と呼ぶ島と述べたといった趣旨の記述があることが判明。当時の朝鮮半島でこのことが定着していたら、韓国側が有利となる。同島の領有権問題で日本側に不利になるかもしれず、公表を躊躇したと明かすが、踏み切ったのは「日韓の友好が促進される材料にしてほしい」との思いからだった。

――『山陰中央新報』二〇〇六年一月三日

このように日本の新聞も、この文書が韓国側に有利になる可能性を認めている。

さて、安龍福が隠岐の官吏に見せたという朝鮮八道地図は発見されなかった。しかし重要な点は、安龍福が「竹島（鬱陵島）」と「松島（独島）」が江原道に属すると陳述した事実が、発見された文書に書かれていることである。この文書が発見されて、安龍福が日本に対して、鬱陵島と独島が朝鮮領土だと主張したという事実が明確に証明された。

安龍福が隠岐の島で取り調べを受けた時点は、江戸幕府から「鬱陵島渡海禁止令」が下されて四カ月ほど経った一六九六年五月であった。しかしまだその情報は隠岐の島にまで伝わっていなかった。しかし隠岐の官吏たちは事実上鬱陵島と独島は朝鮮領土と認め、一切安龍福の供述に反論していない。

隠岐の島では、当時鬱陵島と独島を往来した鳥取藩の漁民たちに港を貸していた。しかし隠岐の島は鳥取藩所属ではなかったため、鬱陵島と独島に対する領有意識はなかったと思われる。安龍福事件の争点、すなわち安龍福が日本側に二つの島に対する朝鮮の領有権を主張したのは『粛宗実録』だけではなく、日本の公文書にも明確に書かれているということがはっきりと証明されたのである。

この文書には、次のように記録されている。

朝鮮之八道

京畿道《キョンギド》

江原道《カンウォンド》　此道中竹島松島有之

（この道に竹島と松島がある）

全羅道《チョルラド》

忠清道《チュンチョンド》

平安道《ピョンアンド》

咸鏡道《ハムギョンド》

黄海道《ファンヘド》

慶尚道《キョンサンド》

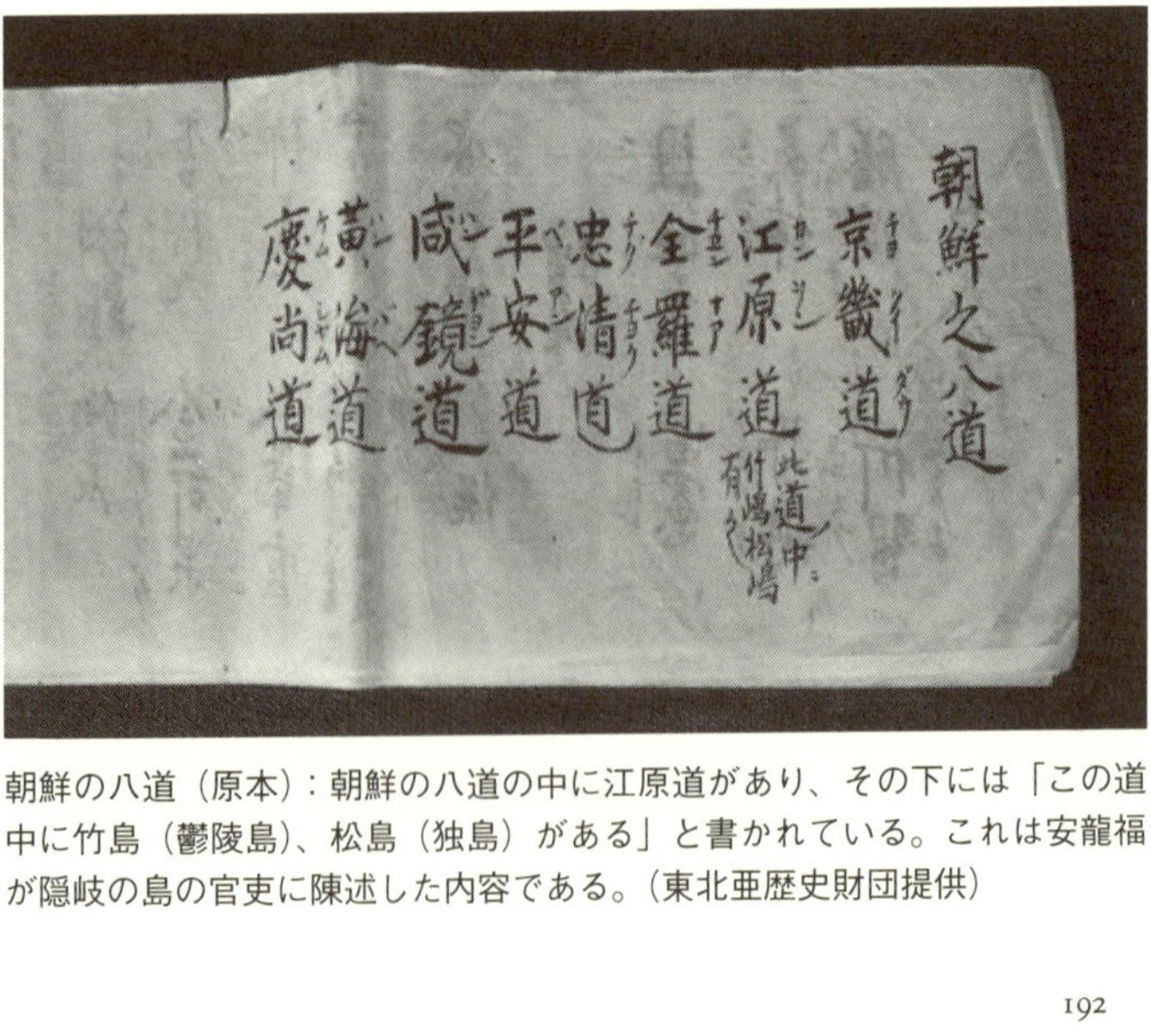

朝鮮の八道（原本）：朝鮮の八道の中に江原道があり、その下には「この道中に竹島（鬱陵島）、松島（独島）がある」と書かれている。これは安龍福が隠岐の島の官吏に陳述した内容である。（東北亜歴史財団提供）

(2) 安龍福は鬱陵島と独島が江原道に属すると主張した

さて、新しい資料の中で鬱陵島と独島に関して安龍福が陳述したいくつかの内容を見てみよう。この節の以下の引用文は他に断りがない限り、『元禄九丙子年朝鮮舟着岸一巻之覚書』(現代語訳は著者による)からのものである。

一、安龍福曰く、竹の島を「タケシマ」と言いますが、朝鮮国の江原道東萊府には鬱陵島という島があり、これを竹の島と呼びます。朝鮮八道地図にも表示されており、私はその地図を持参しています。

二、松島に関しては右の同道(江原道を示す)に「子山《ソウサン》」という島があり、これを松島といいます。これも朝鮮八道地図に表示されています。

この引用文を見れば、安龍福が「松島」すなわち「独島」を「干山島」ではなく、「子山島」と称していたことが日本の文献からも理解できる。そして安龍福は独島を「ソウサン」とも行ったという旨が『元禄九丙子年朝鮮舟着岸一巻之覚書』に書かれているが、それは鬱陵島が干山国の本島なら、独島は小さな干山だという意味ではないかという解釈もある(領南大学校独島研究所篇『独島研究』創刊号、二〇〇五)。

（3）　安龍福は訴訟目的で第二次渡日を敢行した

安龍福が第二次渡日を敢行した目的は、前述したように新資料に記録されている内容、すなわち「鳥取に行って訴訟することがある」というところにあると思われる。『元禄九丙子年朝鮮舟着岸一巻之覚書』にこの内容は次のように記録されている。

一一人の中の何人かは名前と年齢を明かしませんでした。それぞれ属している宗派と望んでいること、そして伯耆州で訴訟する理由を書いてほしいと言いました。ところが最初は理解したようでしたが、二二日の朝になると、そのことは書くことができない、直接伯耆州に行ってそこで詳しく述べる、こちらの要求には応じられないという旨を書いて送ってきたので、ご報告致します。

第二次渡日のとき の一一人の中で五人ほどは僧侶であった。僧侶たちが言うには、鬱陵島を見物する目的で安龍福に付いてきたという。この引用文には隠岐の官吏たちが安龍福などに鳥取（伯耆州）で訴訟するつもりである内容を書いてほしいと頼んだが、安龍福たちは伯耆州に行って伯耆守（鳥取藩主）に直接話すと答えた。そのため、隠岐の官吏たちは訴訟内容については知ることができなかった。これは『粛宗実録』の安龍福の供述内容を補完する内容である。『粛宗実録』には、これと似た文章が次のように書かれている。

（隠岐）島主から島に来た理由を聞かれたので私は、「近年私がここに来て鬱陵・子山などの島を朝鮮領と定め、関白（幕府将軍）の書契をも受け取った。しかし貴国は定まった通りにせず、またしても我が領土を侵犯した。これは一体どういうことだ」と言いました。それに対して島主は「伯耆州に報告する」と答えました。

――『粛宗実録』

『粛宗実録』によれば、安龍福は伯耆州（鳥取藩）が約束を守らずに再び鬱陵島を侵犯したことに関して隠岐で不満を抱いた内容が書かれている。『粛宗実録』には、安龍福が第二次渡日を敢行したときに、鬱陵島には多くの日本漁船が来ており、彼らを追いかけて強風に遭い、隠岐の島に漂流したと記されている。そのため、安龍福は朝鮮の国境を侵犯した鳥取藩を訴えようとしたと思われる。

(4) 安龍福の陳述：鬱陵島と独島の位置関係

二〇〇五年に発見された『元禄九丙子年朝鮮舟着岸一巻之覚書』には、安龍福が鬱陵島と独島の位置について陳述した内容が記されている。安龍福は二つの島の位置について二通りの供述を行った。

先ず彼は、鬱陵島から独島までは一日の距離であり、独島から隠岐までは二日の距離であると述べた。そして朝鮮本土から鬱陵島までは三〇里、鬱陵島から独島までは五〇里だとも述べた。

一、安龍福は三月一八日朝鮮で朝食を食べてから出船し、当日竹島（鬱陵島）に到着してから夕食を採ったそうです。

（中略）

二、安龍福が言うには、彼ら一一人は鳥取の伯耆守に頼み事があり、伯耆州に行こうとしていたそうです。途中で嵐に巻き込まれてここ（隠岐の島）に漂着しましたが、順次に伯耆州へ渡海するつもりだそうです。

五月一五日に竹島（鬱陵島）から出船し、当日松島（独島）に到着して、当月一六日松島（独島）を出発して一八日の朝、隠岐の島の西村海岸に着き、当月二〇日に大久村に入港したと言います。（中略）

三、竹島（鬱陵島）から朝鮮までは三〇里であり、竹島（鬱陵島）から松島（独島）までは五〇里だと言います。

この新資料の内容を見ると、安龍福一行が朝鮮本土を出発して当日鬱陵島に到着し、鬱陵島から独島を経由して隠岐の島まで行くようになったとある。朝鮮本土から鬱陵島までは一日、鬱陵島から独島までも一日、独島から隠岐の島までは二日かかったという。

鬱陵島⇓独島⇓隠岐の島の間の日にちによる距離に関しては、『隠州視聴合記』等の日本記録と隠岐での安龍福の供述はほぼ一致している。そのため安龍福は、松島が于山島、つまり于山島（独島）であるということを確実に知っていたと言える。

しかし彼は、朝鮮本土から鬱陵島までの距離を三〇里、鬱陵島から独島までの距離を五〇里と述べている。実際には朝鮮本土から鬱陵島までの距離は約一三〇キロメートルで、鬱陵島から独島までの距離は約九〇キロメートルである。ちなみにこれを一里四キロメートルとして地上の里で表せば、朝鮮本土から鬱陵島までは大体三〇里、鬱陵島から独島までは二〇里である。これを海里で表せば、一海里は約一・八五二キロメートルなので、朝鮮本土から鬱陵島までは約七〇里（七〇海里）、鬱陵島から独島までは約四九里（四九海里）である。大体の数値で、朝鮮本土から鬱陵島までは七〇里、鬱陵島から独島までは五〇里と言えるだろう。

ところで新資料の数値は、安龍福が朝鮮の単位で述べたものを隠岐の官吏が日本の単位に直して記述したものである。朝鮮の地上の一里は日本の地上の一里である四キロメートルの一〇分の一、つまり〇・四キロメートルなので、海里などは知らなかったはずの安龍福がほぼ正確に朝鮮の地上の理で距離を述べたと仮定すると、朝鮮本土から鬱陵島までの距離について安龍福は、実際には三〇〇里程度と言ったと推測される。さらに安龍福は、鬱陵島と独島の距離を二〇〇里ほどだと言ったと考えられる。

これを日本式に換算し直した隠岐の官吏が計算上の混乱から、朝鮮本土から鬱陵島までの距離を日本の地上の里に直して三〇里とし、鬱陵島と独島の間の距離に関してはそのまま海里にして五〇里とし、両者の単位を統一することを忘れて記録したのだと解釈すれば、『元禄九丙子年朝鮮舟着岸一巻之覚書』の距離上の矛盾は解決できる。

なぜなら日にちで記録した距離は正しいのに、数値的な距離が間違っているというのは、計算上の誤りであるといえるからである。隠岐の官吏が安龍福の朝鮮の言葉を、日本式に直したという推論は、例えば鬱陵島を竹島、子山島を松島と書き入れたことからも事実と言えるだろう。

7　再び鳥取藩に行った安龍福

安龍福一行が隠岐でどう過ごしたのかについては、『元禄九丙子年朝鮮舟着岸一巻之覚書』に詳細に記録されている。村長は米が不足している安龍福らの訴えを聞き入れて、米を集めて差し入れたりした。また、安龍福らは舟が揺れて書き物ができないので陸地で訴状を書きたいと頼んだところ、村長は空いている民家を貸してやったりもした。安龍福はその礼に村長に酒を献上しようとしたが、村長は丁重に断った。

隠岐の官吏たちは安龍福一行の船を捜索して、船の中の物品をいちいち記録したと記録されている。

そして訴訟状の内容について安龍福に尋ねたが、それは鳥取に行ってからそこで話すと言って具体的なことは記録にない。こうして安龍福一行は船で鳥取藩へ向かった。『粛宗実録』にはその後の状況が次のように記録されている。

長い間（伯耆守から）返事がもらえなかったので、怒りを我慢することができず、船に乗って伯耆まで直接行きました。鬱陵子山両島監税将を仮称し、人を差し遣わして通告したら、人と馬を送って迎えてくれました。私は青い官服を着て、黒塗りの笠をかぶり、皮靴を履いて駕籠に乗り、馬に乗った数名と一緒に本州に行きました。

――『粛宗実録』巻三〇、粛宗二二（一六九六）年九月二五日

日本は安龍福が自称した「鬱陵子山両島監税将」という朝鮮の官職は存在しないと反論する。しかし安龍福が実際にある朝鮮の官職を名乗るのではなく、鬱陵島と独島を守る官吏だということを日本人に見せるために「鬱陵子山両島監税将」を自称したとすれば、実際には存在しなかったとしても何ら問題はない。むしろこの官職名は、安龍福が再び鳥取にやってきた目的を明確に表していると言えるだろう。

『竹島考』によると、安龍福が伯耆州に行ったときに実際に掲げていた船の旗の写本は「朝鬱両島監税将臣安同知騎」となっているため、日本側はその意味が明確ではないと主張する。鳥取藩の官吏であった岡島正義の書いた『竹島考』（一八三七年）には、一六九六年安龍福一行が鳥取藩に到着したときに、船首には「朝鬱両島監税将臣安同知騎」と書かれた旗を掲げていたと記録されている（次頁写真）。そしてこの本は、「朝鬱両島」とは、朝鮮の「鬱陵島（竹島）と于山島（松島）」の両島であると説明している。

「朝鬱両島」とは、朝鮮領の鬱陵島などの二つの島であると日本の記録が認めたわけである。

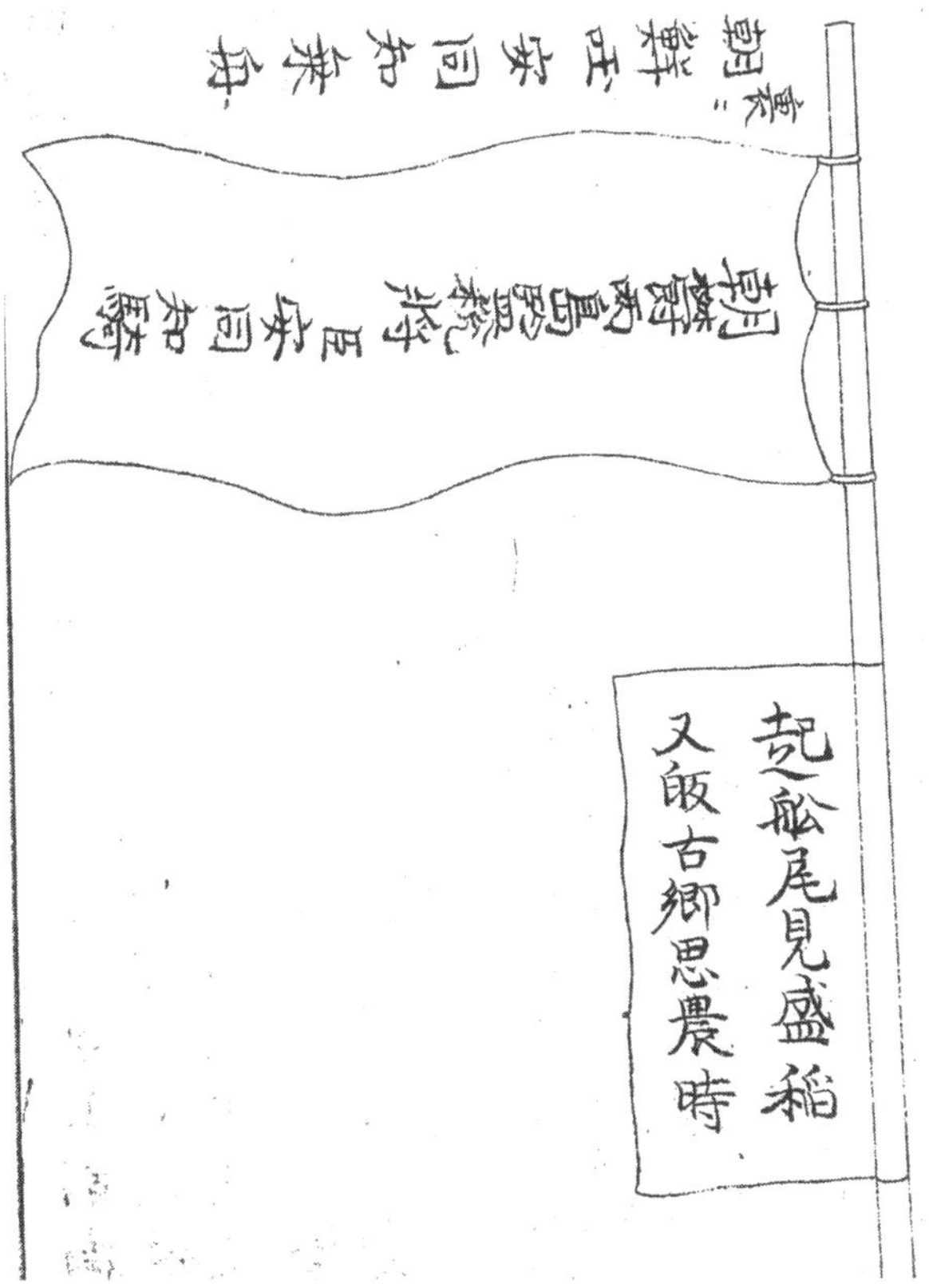

朝鬱両島監税将臣安同知騎の旗［出所：因幡志（鳥取県立博物館蔵）］

また、陸地に到着した後、安龍福だけが駕籠に乗って他の者たちは馬で鳥取城に向かった事実は日本側も認めている。

8 鳥取城を訪れた安龍福

第二次渡日のとき、鳥取城に入った安龍福は鳥取藩主と対座したと、『粛宗実録』に書かれている。

私は島主（藩主）と対座し、大勢の人たちがその下に並んで座りました。島主（藩主）から島に入った理由を訊かれたので、答えました。先日二島の件で確かに書契を受けたではないか。しかし対馬島主にその書契を奪われた。途中で偽造したり、何回も日本から使者を派遣して不法に侵犯したりした。だから私が関白に上疏して、その罪を一つ一つ供述するつもりだと言いました。島主（藩主）はそれを許可しました。よって李仁成《イ・インソン》が上疏文を送るようにしました。

——『粛宗実録』巻三〇、粛宗二二（一六九六）年九月二五日

この内容は日本側が強く反論する部分である。まず日本側は、安龍福と対座したと書かれている鳥取藩主は当時江戸に滞在していたので、鳥取で安龍福と面談することなどできなかったという。

確かに安龍福が鳥取藩に到着した六月四日には、鳥取藩主の池田吉泰は鳥取城ではなく江戸に滞在していた。しかし『控帳』の元禄九（一六九六）年七月一九日条によると、池田藩主は七月一九日付けで鳥取城に戻っている。安龍福は八月六日まで鳥取藩に滞在して朝鮮に帰還したため、鳥取藩主池田と安龍福は二〇日ほど同じ鳥取の城下町にいたことになる。そのため鳥取藩主が安龍福一行に会わなかったとは言いきれない。藩主自身の代わりに、責任者の誰かが安龍福に会った可能性は否定できない。鳥取藩主が七月一九日に鳥取城に戻った理由も、朝鮮から来た自称高位官吏の安龍福と何らかの関連があると判断される。

朝鮮人一行が六月四日に鳥取に到着したという話は、六月一三日に鳥取藩から幕府の老中に報告された。（『御用人日記』元禄九年六月一三日条）そのとき、老中の大久保加賀守は、鬱陵島渡海禁止令がまだ鳥取藩に通達されていないことを思い出し、六月二二日に鬱陵島渡海禁止令の文書を至急鳥取へ通達する目的で鳥取へ人を送ることにした（『御用人日記』元禄九年六月二二日条）。

ところが鬱陵島渡海禁止令は、その後もしばらく大谷・村川両家には伝わらなかった。鳥取藩主の池田吉泰が鳥取城に戻った七月一九日にも渡海禁止令はまだ両家に伝わっていない状態であった。

七月二四日にも大谷・村川両家に鬱陵島渡海禁止令が伝わっていないことを確認した幕府の老中は、禁止令を両家に伝えるように鳥取藩に重ねて指示した（『竹島記事』元禄九年七月二四日条）。こうして鬱陵島渡海禁止令は、八月一日付けでやっと大谷・村川両家に伝わった。その日は安龍福がまだ鳥取藩に滞在していたときであり、彼が朝鮮に戻る五日前のことであった。渡海禁止令の通達が遅れたのは、鳥取藩主がそれを大谷・村川両家に伝えることを阻んだからである。そして鳥取藩主は自分が鳥取に入った後、二週間ほど経ってから渡海禁止令を大谷・村川両家に伝えたのである。

結果的に安龍福が鳥取藩に滞在していた八月一日に、鬱陵島渡海禁止令は初めて大谷・村川両家に通達されたのである。それは安龍福が鳥取に入った六月四日から数えると、約六〇日も経ったころであった。江戸幕府は朝鮮官吏が鳥取藩を訪れたのは、鬱陵島問題のためだと思ったので、大谷・村川の両家に渡海禁止令を早く伝えるように命じたのだが、鳥取藩主は自分が鳥取に着くまで渡海禁止令を通達せず、それを先送りしたのである。

したがって鳥取藩主、またはその代理人が安龍福と実際に面談した可能性は非常に高い。藩主またはその代理人は、朝鮮の高官を自称する安龍福の前で、鬱陵島渡海禁止令を大谷・村川両家の代表に実際に通達したのではないかと考えられる。そうして朝鮮側に鬱陵島に対する日本側の態度をはっきり見せることで、事件を完全に解決しようとしたのではないか。安龍福の立場からすれば、熱望していた彼の要求が目の前で成し遂げられるのを見て、感無量であっただろう。

安龍福が藩主に会うには充分な時間的余裕があった。また安龍福が詐称した官位が三品堂上同知（実際には従二品）だったため、藩主ではなくても安龍福の官位に匹敵する鳥取藩の官吏が彼と面談した可能性を排除するのは難しい。つまり安龍福が鳥取藩主に会ったことを安龍福の嘘として単純に全面否定するよりも、安龍福が藩主、もしくは彼の自称した官位にふさわしい鳥取の官吏と会ったと考えるのが常識的な解釈である。

当時は日本と朝鮮の間に正式な国交が結ばれていた。朝鮮通信使は一六〇七年を初めとして、一六八二年までに七回も日本に来ている。したがって鳥取藩が日本と友好関係にあった朝鮮の高官に対して無礼なまねをすることはできなかったのが実情であっただろう。

9　対馬島主の父・宗義真と安龍福

安龍福は対馬島主の父である宗義真が鳥取藩を訪れて上疏文を幕府に提出しないよう懇願したと備辺司で陳述している。これに関する『粛宗実録』の記録は次の通りである。

この時対馬島主の父が伯耆州を訪れ「もしこの上疏が提出されると、我が子はきっと死罪になる」と言って、この話はなかったことにしてほしいと懇願しました。このため関白に上疏することができませんでしたが、先回国境を犯した倭の一五人を摘発して処罰すると再度私に約束して「二つの島が既に貴国に属した以上、もし再び越境する者がいたり、島主が勝手に侵犯するようなことが起きたら、国書を作成して訳官（通訳官）を決めてこちらに送れば、直ちに重罪として処理致します」と言いました。そして食料はもちろん、使者を付けて護送までしてくれると言いました。しかし彼らと一緒に行けばむしろ迷惑になりそうなので遠慮しました。以上のように安龍福は話しましたし、雷憲等の他の者たちも大体同じことを供述しました。

――『粛宗実録』巻三〇、粛宗二二（一六九六）年九月二五日

日本側は、一六九六年に安龍福が当時江戸に滞在していた対馬藩主の父宗義真に会ったはずはなく、国境を越えて朝鮮の地を侵したという一五人の日本人を処罰した記録もないので安龍福の陳述は虚偽であると主張する。しかし安龍福が対馬藩主の父が実際に活動していることをどうして知っていたのかについては、日本側も説明ができない。安龍福だけではなく、彼に同行した雷憲ら他の者たちも同じ証言をしたという事実を見れば、安龍福たちが口からでまかせを言ったのではないことは明らかである。これは安龍福の他の陳述にも当てはまる話である。日本側は、備辺司で審問された安龍福一行が、皆同じ供述を行ったということに関して一切無視している。それは客観的な態度とは言えない。

安龍福が訴状を鳥取藩に提出する目的で鳥取に行ったことは、二〇〇五年に発見された『元禄九丙子年朝鮮舟着岸一巻之覚書』にも書かれている。そして『粛宗実録』には、安龍福が訴状を江戸に提出することを鳥取藩主が許可したと書かれている。しかし『粛宗実録』には、対馬藩主の父の哀願によって結局訴状を幕府には提出できなかったことが記されている。

当時江戸にいた対馬藩主の父宗義真が、安龍福一行が鳥取に到着したという話を知らなかったはずはない。前述の通り、幕府の老中が鬱陵島渡海禁止令を早く鳥取藩に伝えるように努力していたこともあって、鳥取での朝鮮人一行に対する関心は江戸でも高かったものと思われる。そして鳥取藩からも安龍福たちの要求に関して江戸幕府や対馬藩官邸に報告がされたと考えるのが自然である。安龍福が鳥取に到着してから鳥取藩主が鳥取に戻るまでの約二カ月には、多くの行動がなされていて当然だからである。

こうして事態を知るようになった対馬藩主の父宗義真は、訴状が幕府に提出されないように様々な手を使ったと思われる。そして彼自身が鳥取に行かなくても他の者を通して安龍福に懇願した可能性も否定できない。朝鮮人に家族の苦痛を訴えると、助けが得られる可能性があるということを朝鮮外交の窓口である対馬藩を実際に統治してきた宗義真が知らないはずはなかった。

つまり、安龍福の上疏文が幕府の中心部に届けられたなら息子が死罪になってしまうと安龍福の情に訴える『粛宗実録』のくだりは、宗義真が安龍福を説得するための一つの策略だった可能性すら考えられる。鬱陵島紛争を起こした当時の対馬藩主は宗義真の長男であるが長男は朝鮮王朝と橘眞重との論争時に亡くなり、安龍福が再び鳥取藩に行った一六九六年には次男が藩主となっていた。父である宗義真は次男の後見人という立場で対馬藩の実権を握っていたのである。

日本側は「もしこの上疏が提出されると、我が子はきっと死罪になる」と言って対馬藩主の父が安龍福に懇願したという陳述は虚偽であると主張する。日本側はその根拠として宗義真の長男の藩主は、一六九四年に死亡したという点を挙げている。しかし安龍福が長男の死を知らないと見た宗義真、またはその代理人は、息子の死罪の可能性を訴えれば安龍福の心を動かすことができると考えたとしてもおかしくない。宗義真にとっては既に死んだ息子のことであっても、その罪状が幕府に伝わることは決して対馬藩にとって良いことではないと判断したのであろう。日本側の問題点は、対馬藩主の父親が対馬の実権を握っているということをなぜ安龍福が知っていて、備辺司での供述の中に対馬藩主の父親を登場させたのかという点について、全く説明ができていないというところにある。

単に安龍福が重罪を免れるための嘘をついたのであれば、父親ではなく対馬藩主が鳥取にやってきて懇願したといえば済んだはずである。しかし安龍福は、実権を握って実際に活動しているのは、長男の死んだ後に幼くして対馬藩主に就任した次男ではなく、その父親宗義真ということを確実に知っていた。また同行した者たちも同じ供述をしたということは、安龍福たちが実際に宗義真かその代理人に出会ったということを証明しているのである。

日本側はまた、鬱陵島に越境した一五人の日本人を処罰した記録がないと主張しているが、その件は安龍福を納得させるために、宗義真側が口約束だけをしたからと考えられる。しかし安龍福一行が朝鮮に戻った後には、彼らを処罰する必要がなくなり、結局宗義真が安龍福との約束を破ったために記録には残らなかったと解釈できる。

最後に宗義真が安龍福に「二つの島が既に貴国に属した以上、もし再び越境する者がいたり、島主が勝手に侵犯するようなことが起きたら、国書を作成して訳官を決めてこちらに送れば、直ちに重罪として処理」すると、確認した部分は大変重要である。

この『粛宗実録』の文の中で「二つの島が既に貴国に属した以上」という部分は、安龍福が鳥取に滞在していたときに、鬱陵島渡海禁止令が大谷・村川両家に通達されたということを意味している。ここで二つの島とは、当然鬱陵島と独島のことである。『粛宗実録』は、安龍福の言葉を引用しながらも、日本が鬱陵島渡海禁止令によって鬱陵島と独島を朝鮮領土と認めたことを明言しているのである。

10　安龍福に対する朝鮮政府の評価

第二次渡日の後、朝鮮に戻った安龍福一行は、朝鮮官吏に逮捕されて備辺司に押送された。この時領議政だった柳尚運《ユ・サンウン》は、安龍福が重罪を犯したと次のように述べた。

安龍福は法禁を恐れず他国で問題を起こしたので、その罪を許すわけにはいきません。なお、あの国が漂流した者を送還するは、必ず対馬で行うのが定めであるのに、今回は直にそこ（鳥取藩）から送り出したので、そのことに関して明確にしなければなりませんが、安龍福は渡海訳官が帰国した後に処断すべきです。

――『粛宗実録』巻三〇、粛宗二二（一六九六）年九月二七日

柳尚運は、安龍福が日本に行って問題を起こしただけでなく、鳥取藩が当時の慣例を破って対馬を通さずに直接安龍福一行を朝鮮に送還したことを問題視した。そして安龍福の罪を決して許すわけにはいかないと主張したのである。これに対して王がどのような措置を取るべきかを尋ねると、臣下たちは安龍福を許すわけにはいかないと次のように口をそろえて主張した。

安龍福の罪は許しかねます。まず島主（対馬島主）に通告した後に頃合いを見計らって処断すべきです。

――『粛宗実録』巻三〇、粛宗二二（一六九六）年九月二七日

王は彼らの主張に従った。しかし、領敦寧《ヨンドンニョン》〔領敦寧府事の略称。王や王妃の親戚を管理する官庁である敦寧府の長。〕の尹趾完《ユン・ジワン》は、安龍福を死罪に処すのは法律的には当然だが、計略としては間違っていると主張した。彼は安龍福によって対馬藩を通さずに江戸幕府に通じる道が開いたが、安龍福を死罪に処してしまえば、対馬藩が喜ぶだけであるので安龍福を死罪にしてはならないと次のように主張した。

（前略）対馬の人間たちが以前から我々を騙してきたのは、わが国が江戸と直接交流できなかったからです。しかし今回他の道があることを知ったので、大きな恐怖が（対馬には）生ずるでしょうが、安龍福が誅殺されたと知れば、また他の道が永久に閉ざされたことを知って喜ぶでしょう。

――『粛宗実録』巻三〇、粛宗二二（一六九六）年一〇月一三日

領府事の南九萬は、安龍福の拉致事件（第一次渡日）のときに、関白（幕府将軍）から書契などを受け取ったという話は当初は信じられなかったが、安龍福が再び日本に行って上疏文を提出しようとした行動を見て、安龍福の言い分が信じられるものであると判断するようになったと述べている。

安龍福が癸酉（一六九三）年に鬱陵島で倭人に捕らえられて伯耆州に入りました。そして本州で鬱陵島は永久に朝鮮に属するという公文を書いてもらったと言います。贈り物もたくさんもらったけれども、対馬を経て朝鮮に戻る途中で公文と多くの贈り物を全て対馬の者たちに奪われたと言います。その話は信じられる内容であるとは思いませんでしたが、安龍福があらためて伯耆州に行って呈文（文書を出すこと）したことから、以前の話は

ナングマン
南九萬

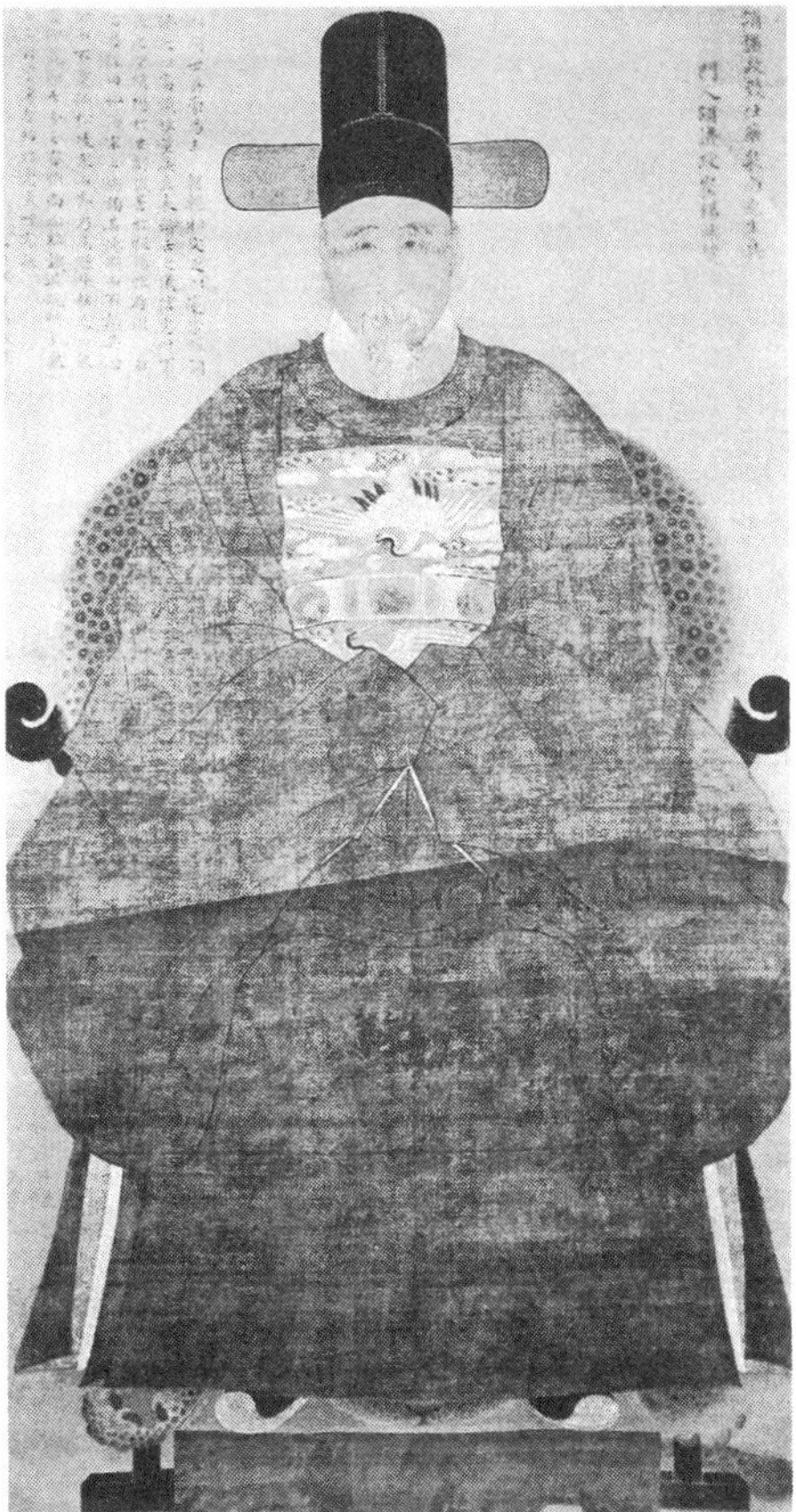

真実と思われます。

――『粛宗実録』巻三〇、粛宗二二（一六九六）年一〇月一三日

南九萬は、安龍福が初めて日本に拉致されたときに、鬱陵島と独島が朝鮮領土であることを証明する書契を関白から受け取ったがそれを対馬藩の官吏に奪われたと述べたことが、初めは信じられなかったという。しかし南九萬は、安龍福が再び日本に行って対馬の罪状を暴露した事を高く評価し、関白の書契の話も信じられるようになったと言っている。そして彼は、安龍福によって対馬が日本と朝鮮との間で多くの嘘をついていたことが明らかになったと述べた。

安龍福が禁令を押し切り、再び日本に行って問題を起こした罪を考えれば、真に誅殺せざるを得ません。しかし、対馬の倭人が鬱陵島を竹島と偽り、江戸からの命令だと嘘をついて、我が国の民の鬱陵島への往来を禁止するために陰で姦計を巡らしていた事実が今や安龍福のために暴き出されました。これはまた一つの快挙です。安龍福が白か黒か、また殺すか殺すまいかは我が国でじっくり話し合って処置するのが良いと思われます。

――『粛宗実録』巻三〇、粛宗二二（一六九六）年一〇月一三日

南九萬は安龍福の手柄によって対馬藩の姦計が明らかになったと評価した。また彼は、対馬藩が鬱陵島に朝鮮人の出入りを禁止するという江戸幕府からの命令があったかのように、嘘をついたと考えていた。しかしそれは正確ではなかった。なぜなら一六九三年には、江戸幕府の老中が鬱陵島への朝鮮人の出入り禁止を対馬藩を通して朝鮮に通達したのは事実だったからである。

11　一六九三年の鳥取藩と対馬藩の姦計と江戸幕府の動き

一六九三年、安龍福など二人の朝鮮人を拉致した鳥取の漁民たちの話を聞いた鳥取藩は、江戸幕府の老中土田相模守に朝鮮人が二度と鬱陵島に出入りできないようにしてほしいと要請し、老中はそれを受け入れた。『対馬藩政資料』には鳥取藩と幕府が確認した内容が次のように記録されている。

> 今後その島（鬱陵島）に朝鮮人が入らないようにし、アワビを以前と同じく（幕府に）献上したいと申し出たところ、承諾していただいた。朝鮮人二人は彼らの故郷へ帰らせることとし、許可が下りたら（釜山へ）送るようにと言われた。

――対馬藩政資料『御祐筆日記』（一六九六年五月）、池内敏、前掲書から再引用

鳥取藩は朝鮮人が再び鬱陵島に入らないようにしてほしいと江戸幕府の老中に要請し、鬱陵島のアワビを引き続き幕府に献上することを約束した。これに対して幕府の老中は、その要請を受け入れた。これは鬱陵島のアワビの幕府への献上が一種の賄賂として働いたことが理解できる部分である。

しかし鳥取藩主は、鬱陵島が自国の領地ではないと初めから明言していた。それは、安龍福らが鳥取に拉致された第一次渡日の一六九三年の頃からであった。つまり、鳥取藩主は最初から鬱陵島を朝鮮領土と認識していた。しかしこのような認識は、朝鮮人の鬱陵島への出漁を禁じてほしいと幕府に要請したこととは矛盾する。結局鳥取藩は、鬱陵島が朝鮮領と知っていたにもかかわらず、江戸幕府を動かして無人島の鬱陵島を奪おうとしたと判断される。

この竹島（鬱陵島）という島は、伯耆守殿（鳥取藩主）の領内の地でもないといい、因幡からは約一六〇里も離れている。

――対馬藩政資料『御祐筆日記』（一六九六年五月）、池内敏、前掲書から再引用

その後、対馬の宗義真は、一六二〇年に竹島（鬱陵島）に住んでいた弥左衛門親子を対馬藩が逮捕したことを例に挙げて、竹島は朝鮮の鬱陵島という可能性を言及しつつ、幕府の命令、つまり朝鮮人の竹島（鬱陵島）への出漁禁止要請を受け入れることには一時慎重な態度を見せた。しかし対馬藩は結局、幕府の命令をそのまま実行に移すことに決定した。これは前述の橘眞重の朝鮮派遣で証明済みである。

12　鬱陵島渡海禁止令と安龍福

日本側は、鬱陵島渡海禁止令が安龍福の第二次渡日以前に下されたため、安龍福の第二次渡日と鬱陵島渡海禁止令とは関係がないと主張する。しかし安龍福の第二次渡日を通して鬱陵島渡海禁止令が初めて鳥取藩の大谷・村川両家に伝わり、一六九七年の初めには朝鮮王朝にも伝わったのが歴史的な事実である。

つまり安龍福の第二次の鳥取行きという活躍がなかったなら、鬱陵島渡海禁止令の朝鮮への通達が途中で頓挫する恐れもあった。途中で渡海禁止令を知りつつそれが鳥取の漁夫たちに伝わらないようにしていたのは、他ならぬ鳥取藩主であった。彼は老中が替わってしまえば、再び鬱陵島に船を送ることもできると踏んでいたかも知れないのである。それを阻止したのは安龍福一行であった。

そのため尹趾完と南九萬は、安龍福には日本人たちの悪意を挫いた手柄があると建言し、王は彼らの言葉を受け入れて安龍福を死罪にはせずに流罪にとどめたのである。

柳尚運曰く、「安龍福は法的には死罪にするのが当然です。しかし南九萬や尹趾完たちが皆安龍福を軽々と死刑に処してはいけないと言いました。また島倭が書簡を送ってきて罪を前の（対馬）島主のせいにし、鬱陵島に対しては倭人の往来を禁止しました。（中略）安龍福を処断することはできないと思います。その理由は、倭人の気を挫いて事実を白状させたのは安龍福の手柄と思うからです」と言うと、王も同意し安龍福を死刑に処さずに配流するように命じた。

――『粛宗実録』巻三一、粛宗二三（一六九七）年三月二七日

『粛宗実録』の安龍福に関する記録は、一六九七年一月に鬱陵島渡海禁止令を対馬藩が朝鮮王朝に通達してから二カ月ほど経った頃に記録されたものである。領議政の柳尚運は、対馬藩が使者を送ってきて鬱陵島紛争の責任を死んだ以前の対馬島主に転嫁しながら、自らの過ちを白状したと言って安龍福の手柄を認めた。これに王である粛宗も同意して安龍福は流罪に処され

たのである。

流罪となった安龍福のその後の足どりに関しては記録がないために、その後安龍福がどう生きたのかは残念ながら分からない。

13　安龍福事件と独島領有権

安龍福事件の中で日本側と韓国側の論争の焦点は、安龍福が一六九三年に日本に連行されたとき、日本の関白から鬱陵島が朝鮮領土であることを証明する書契を実際に受け取ったかどうか、にある。しかしこの件に関しては、当時の朝鮮王朝でも安龍福を審問しながら信じることのできない内容だったと話している。

王朝では、安龍福が二度も鳥取へ行って鬱陵島と独島が朝鮮領だと確認してきたことを高く評価して、関白から書契を受け取ったことも信じられるようになったと記録した。これらの記録を見れば、朝鮮においても安龍福が関白から書契を受け取ったかどうかに関してはあまり関心を持っていなかったということが分かる。

『粛宗実録』には対馬藩主の父・宗義真が、鬱陵島渡海禁止令が鳥取藩に伝達されたころに、「二つの島が既に貴国に属した」と言及したことが書かれている。安龍福論争において最も重要な部分はこの部分である。対馬藩主の父またはその代理人が安龍福に会うために鳥取藩に赴いたと思われるころに、鬱陵島渡海禁止令も鳥取藩に最終的に伝達された。そして『粛宗実録』は、鬱陵島だけでなく独島まで含めて、「二つの島」が朝鮮領土と江戸幕府が認めたことを国家記録として明確に記したという事実があることが重要なのである。

安龍福の事件を通して江戸幕府は、国家の意思として鬱陵島と独島が朝鮮領であることを認め、朝鮮はその事実を『粛宗実録』という国家記録に明示した。ここで独島が正式に朝鮮領であるということが一七世紀の末に、歴史的にも法的にも日韓両国によって認められたという決定的な事実がある。そのため日本側は躍起になって、安龍福が嘘つきであると彼の言行の全てを歪曲し、全面否定しようとしてきたのである。

14　朝鮮領独島を証明する日本の公文書

一八七〇年に外務省が作成した「朝鮮国交際始末内探書」には「竹島(鬱陵島)と松島(独島)は、元禄時代に朝鮮の付属となった」という内容が書かれていることは前述したとおりである。元禄時代は一七世紀の末を意味し、一六九三年から一六九六年までの鬱陵島争界(竹島一件)を示している。つまり、安龍福事件を通して鬱陵島と独島は朝鮮領になったということを、この文書は明確にしているのである。

しかしこの文書の中には「松島に関する文書がない」という調査不足を思わせる内容も書かれている。

ところがその七年後の一八七七年、内務省の要請を受けて当時の最高行政機関であった太政官が、「鬱陵島と独島は日本とは関係がない」という公文書を発令したという重要な事実がある。

このいわゆる「太政官指令文」は安龍福事件の解説において本書でも引用したが、その第一頁は次のように始まる。


日本海の内にある竹島と外一島の地籍を編纂する件について、右（＝二つの島）は元禄五（一六九二）年に朝鮮人が入島して以来、旧政府と該国と往来の末に、遂に本邦とは関係がなくなったと聞いております。（中略）

御指令案

書面の竹島と外一島の義は、本邦と関係無しと心得るべき事

「太政官指令文」＝「日本海内竹島外一島地籍編纂方伺」（『公文録』収録文）

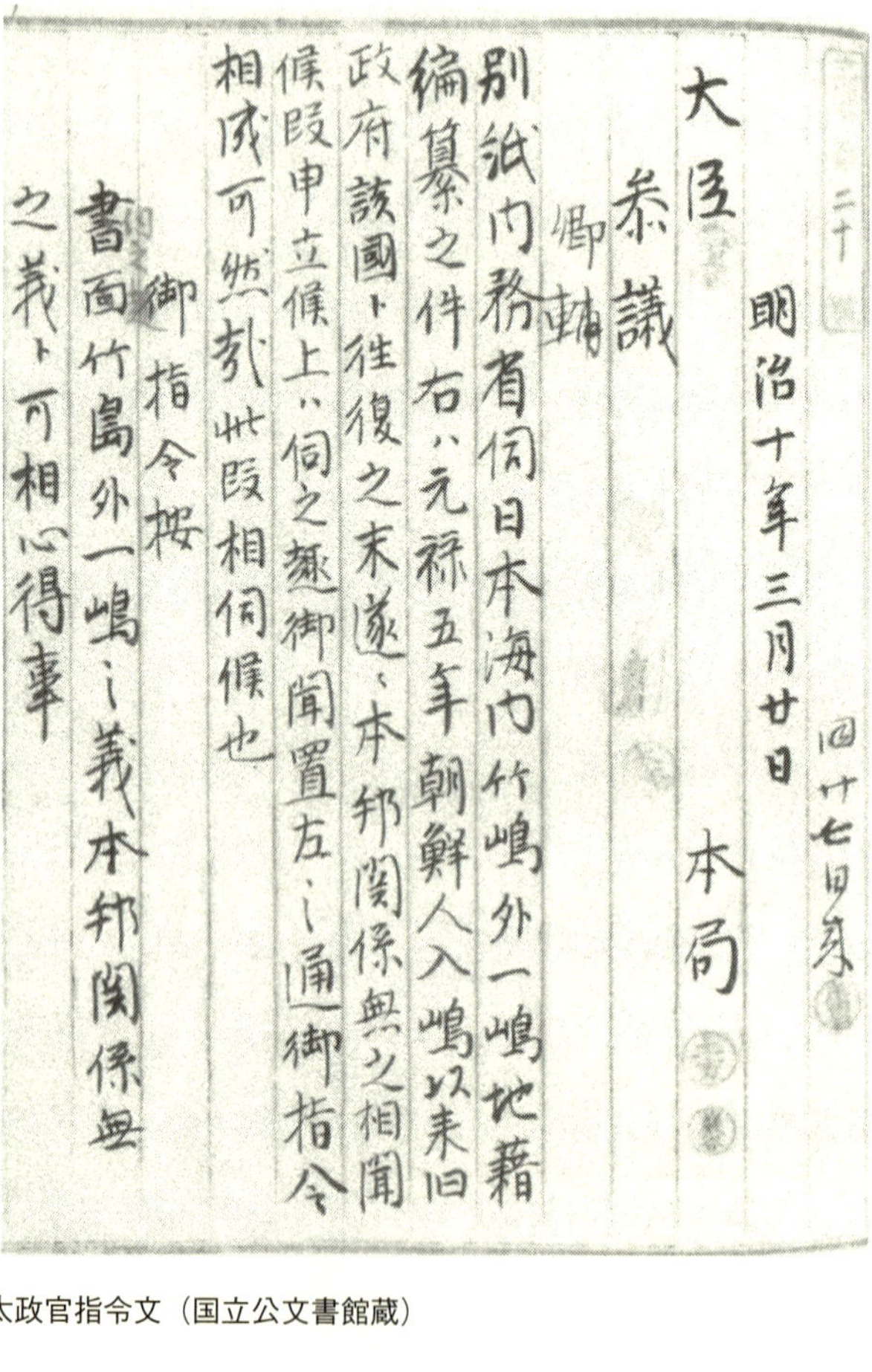

二十

明治十年三月廿日　同廿七日

大臣　本局

参議

卿輔

別紙内務省伺日本海内竹嶋外一嶋地籍編纂之件右ハ元禄五年朝鮮人入嶋以来旧政府該國ト往復之末遂ニ本邦関係無之相聞候段申立候上ハ伺之趣御聞置左之通御指令相成可然哉此段相伺候也

御指令按

書面竹島外一嶋之義本邦関係無之義ト可相心得事

太政官指令文（国立公文書館蔵）

右の引用文は、内務省が太政官に指令案を作成して報告した内容で、東京の竹橋にある国立公文書館の『公文録』という文書綴りの中に収録されている。当時最高の権力を保持していた太政官は、右の「御指令案」を「指令」と書き直して内務省に伝達し、内務省はそれを外務省に伝達した。その内容は同じく国立公文書館の『太政類典』の中に収録されている。

これらの公式記録は、竹島即ち鬱陵島と外一島即ち独島が、元禄五年、即ち一六九二年に、朝鮮人、即ち安龍福をはじめとした約四〇人の朝鮮人が、この二つの島に入って以来、鬱陵島と独島は本邦即ち日本と関係が無くなったと明言し、それを肝に銘じることを命令しているのである。日本の学者たちが歪曲と隠蔽を茶飯事のように行っている「太政官指令文」の核心はここにある。この原本は現在、公文書館では閲覧禁止文書となってしまっている。

また、この文書での「外一島」とは独島のことである。日本の学者をはじめとしてネットの書き込みには「外一島」を無視するか、大きく歪曲しているが「太政官指令文」の第五頁には次のように外一島が松島、即ち独島であることを明確に表現している。一部の良心的な日本の学者を除いて、御用学者たちは第五頁の文章を無視して、外一島とはもう一つの鬱陵島だと言ったり、鬱陵等の東約二キロメートルの距離に位置する竹嶼島だと歪曲するのに苦労しているのが実情である。

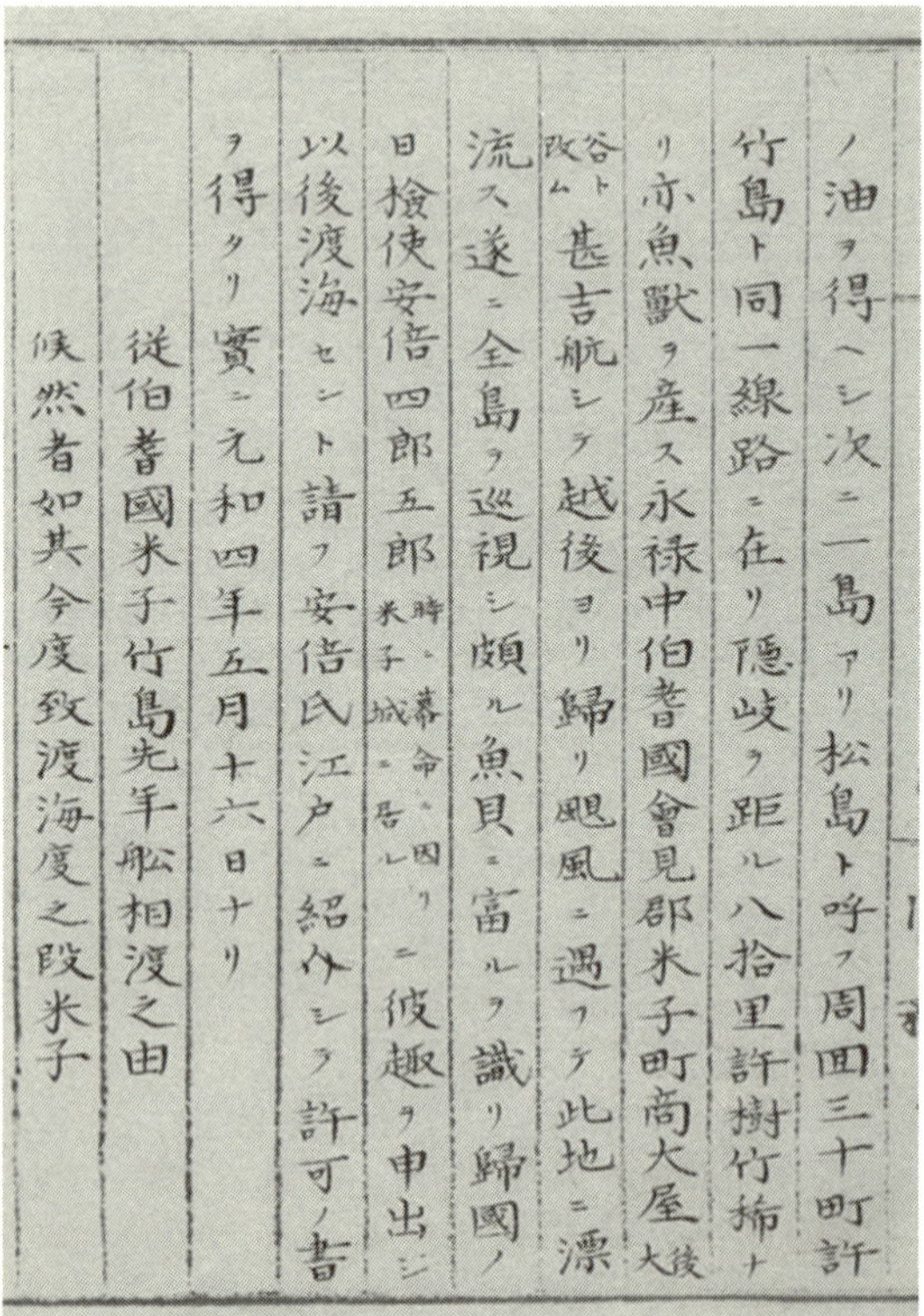
ノ油ヲ得ヘシ次ニ一島アリ松島ト呼フ周囲三十町許
竹島ト同一線路ニ在リ隠岐ヲ距ル八拾里許樹竹稀ナ
リ亦魚獣ヲ産ス永禄中伯耆國會見郡米子町商大屋後大谷ト改ム甚吉航シテ越後ヨリ帰リ颶風ニ遇フテ此地ニ漂
流ス遂ニ全島ヲ巡視シ頗ル魚貝ニ富ルヲ識リ帰國ノ
日撿使安倍四郎五郎時ニ幕命ニ因リ米子城ニ居ルニ彼趣ヲ申出シ
以後渡海セント請フ安倍氏江戸ニ紹介シテ許可ノ書
ヲ得タリ實ニ元和四年五月十六日ナリ
従伯耆國米子竹島先年船相渡之由
候然者如其今度致渡海度之段米子

太政官指令文第５頁：はじめの３行に、外一島が松島（＝独島）であることが明記されている。（国立公文書館蔵）

次に一島がある。松島と呼ぶ。周囲は三〇町ほどで竹島と同一線上にある。隠岐からの距離は八〇里ほどで、樹木や竹などは多くない。また魚と獣が取れる。

「太政官指令文」=「日本海内竹島外一島地籍編纂方伺」（『公文録』収録文）

この引用文は、「外一島」についての解説である。まずここでは外一島が松島（独島）であることを明確にしている。松島の周囲は三〇町、つまり約三・三キロメートルであると説明されている。一町は約一〇九メートルなので、三〇町は約三・三キロメートルとなる。岩礁などを除いた独島の東島と西島の周囲の合計は約四キロメートルであるが、独島の東島・西島を一つの島と見てその大回りを測れば、約三〇町となる。これは一六九六年に江戸幕府に提出された鳥取藩の報告書の付図「小谷伊兵衛の竹島地図」にも記載された内容である。

また松島（独島）は、隠岐から行けば「竹島（鬱陵島）と同一線上にある」ことは一目瞭然である。引用文は、隠岐と松島（独島）の距離は約八〇里としているが、これは一六九六年に鳥取藩が江戸幕府に報告した『覚書』の中にも同じ内容がある。

独島には、「樹木や竹などは多く」はなく、「魚と獣が取れる」。「獣」とは当時独島に数多く生息していたトドのことを言う。つまりこの文章は、「外一島」が正しく独島であることを正確に表現しているのである。

このように「太政官指令文」は安龍福事件と鬱陵島争界によって元禄時代、即ち一七世紀末に鬱陵島と独島が日本領土外、つまり朝鮮領土になったと公文書として明記したのである。安龍福事件が発端となって、一七世紀の末に独島は朝鮮領土として決着が付いたのであった。それを隠蔽・歪曲するのに日本側は汲々としているだけである。

第七章　鬱陵島争界以後の鬱陵島と独島

1　朝鮮王朝の鬱陵島等地調査

鬱陵島争界が収拾された頃、粛宗は鬱陵島とその周辺について二年の間隔、つまり三年に一度の割合で官吏を遣わして巡回・取り締まりをするように命じた。一六九七年四月一三日のことであった。それ以降、朝鮮王朝は一八世紀末までごく例外的な場合を除いて、三年に一度鬱陵島とその周辺を捜索するという方針を守った。

しかし臣下や儒生たちの中には、三年に一度鬱陵島とその周辺を捜索するだけでは不足だと考えて、鬱陵島に鎮〔昔、韓国で軍事的な要地に設置した特殊行政区。〕の設置を申し入れる人々もいた。それだけではなく、無人島政策を中止して島に人を住まわせ、農地を耕作すべきだと主張する者もいた。倭寇などの外敵から鬱陵島とその周辺を守るため、軍事基地を設置すべきであり、朝鮮領土であることを明確にするため、民を居住させようという建言であった。一七一〇年と一七一四年には、次のように倭船がよく出没するという報告がなされた。

倭船はよく鬱陵島に入って魚介類を採取するのですが、これは実に嘆かわしいことです。

――『粛宗実録』巻四六、粛宗三六（一七一〇）年一〇月三日

しかし倭寇などは鬱陵島に入ったとしてもすぐに出てしまい、長期間居住することはなかった。それは彼らも鬱陵島が朝鮮の島であることをよく認識していたからである。それで一八世紀には、日本と朝鮮の間に鬱陵島とその周辺を巡る新しい紛争は起こらなかった。

一七一四年には、鬱陵島から東に島が続いており、日本の境界（隠岐の島）と接していると記録された。これは鬱陵島から独島などの朝鮮の島々が続いているという意味に解釈されるので、朝鮮が独島を自国の領土と認識していたというもう一つの証拠となる。

江原道御史の趙錫命《チョ・ソクミョン》は、嶺東地方の海岸の防御が不徹底な状況を論じ、次のように報告した。「漁民たちに詳しい事情を訊いてみたところ、『平海《ピョンヘ》と蔚珍《ウルチン》は鬱陵島との距離が最も近くて、渡航する時に何の差し障りもなく、鬱陵島の東には島々が相次いでいて日本との境に接している』と言いました」。

――『粛宗補闕正誤』巻五五、粛宗四〇（一七一四）年七月二二日

その後も朝鮮では多くの者が鬱陵島を耕作し、人々を居住させようと建言した。そして英祖《ヨンジョ》

の時代には、鬱陵島の朝鮮人参をこっそりと掘り出して来て、それを本土で販売する闇商売も現れた。

領議政の洪鳳漢《ホン・ボンハン》は王に申し上げました。「聞いた話によりますと、闇商売の者たちが鬱陵島で生産される人参をこっそりと採取するそうでありますが、もしこのことが倭人たちに知られたりしたら、紛争の種になりかねないと懸念いたします」。

――『英祖実録』巻一一三、英祖四五（一七六九）年一〇月一六日

鬱陵島に闇商売の者たちが忍び込んで人参を掘って帰ってきた事件には、江原道監司の洪名漢という人間が係わっていたことが発覚した（一七六九）。洪名漢は親戚である三陟営将洪雨輔《ホン・ウボ》と結託し、集めた人々を鬱陵島に送って朝鮮人参を掘らせ、それを本土で販売してきた容疑で逮捕された。一七七〇年に英祖は鬱陵島での朝鮮人参採取を厳禁した。

また一八世紀後半には、本土の朝鮮人たちが官吏たちを買収して公文書を作らせ、鬱陵島付近で漁業活動をするという行為がしばしば発覚した。

原春道《ウォンチュンド》〔一七八二年から一七九一年までの江原道の名称。〕観察使の金載瓚《キム・ジェチャン》が報告しました。「蔚山に住む漁師など一四

人が鬱陵島に忍び込んで、魚、アワビ、竹などを採取して帰ってきました、三陟の浦口で逮捕されました。その島への出入りは王命で厳禁となっているにもかかわらず、蔚山の民たちはその都度兵営からアワビの採取の許可を取って王命を破るので、その兵使と府使を断罪すべきでございます。

――『正祖実録』巻二四、正祖一一（一七八七）年七月二五日

ところで鬱陵島は、朝鮮人参だけでなく山参《サンサム》〔山で採れる非常に高価な朝鮮人参〕も有名であった。だから正祖は英祖の時代に禁じた鬱陵島での人参や山参の採取を許可するようになった。記録を見ると、鬱陵島とその周辺を捜索するために官吏を派遣したときには、鬱陵島で人参や山参を掘らせたという。

当時の人々は、二年ごとに三月から四月にかけて山参を収穫した。しかし人部分がまだ完全に生長した山参ではなかったので、採取しても価値がなかった。山参は六月から七月にかけて収穫するのが頃合いなので、予定を変更して人を鬱陵島へ派遣しようといった建言などが記録されている。三年に一度、鬱陵島とその周辺を捜索する公務が、人参や山参を掘り出すことを仕事とする人たちに任せられてしまったのである。

吏曹判書〔現在日本の総務大臣に該当する朝鮮の中央官職。〕の尹蓍東《ユン・シドン》が申し上げました。「鬱陵島はもともと山参が生産される地域です。いままでは二年に一度、三月から四月にかけて山参を掘ってきました。しかしこれは良い時期ではないので、その都度採取したものが台無しになります。（中略）それで来春に予定されている派遣を今年の六、七月に繰り上げるように決定して、三陟の営将を何人かの山参掘りたちと一緒に送って、採取するようにしたいと思います」。（中略）というので、許可いたしました。

――『正祖実録』巻四二、正祖一九（一七九五）年六月四日

しかし、鬱陵島と本土の人参・山参の品質がさほど変わらないという話が出て一九世紀初めには山参掘りたちを鬱陵島に送らないようになった。その結果、鬱陵島とその周辺に対する捜索活動が再び一六～一七世紀のように滞り始めた。

その隙間を狙って日本人が鬱陵島に忍び込んで住み着く例が多数発生するようになった。一九世紀に入ってその数は次第に増え、一八八三年の日朝間の合意によって日本に戻った鬱陵島在住の日本人は、なんと二五四人にも達した。朝鮮人たちも約四〇人ほどが鬱陵島に住み着いていた。結局朝鮮が鬱陵島とその周辺に対する捜索を怠けると朝鮮人だけでなく、むしろ日本人たちが島に大勢忍び込むという方式が、一七世紀以降もそのまま成り立っていたのであ

る。

2 于山島が独島であることを示す朝鮮地図

鬱陵島争界以降、一八世紀には三年に一度の割合で鬱陵島とその周辺を捜索したので、朝鮮は鬱陵島と独島に関するより多くの情報を得るようになった。

一七世紀の末に江戸幕府が鬱陵島への渡海禁止令を下す過程で、二つの島が日本領ではなく朝鮮領であることを認めた。そして日本に渡った安龍福は、二つの島が江原道に属する朝鮮領であることを日本側に確認させた。そして朝鮮は、鬱陵島とその周辺への捜索過程を通して、鬱陵島と独島をより確実に認識するようになる。

一時、鬱陵島から東に約二キロメートル離れた竹嶼島を独島と明確に区別できなかった官吏もいて、日本の研究者、特に下條正男教授は、朝鮮の官吏は独島を知らなかったと主張するが、それは一八世紀はじめの一時の話で、その時、朝鮮官吏は竹嶼島と独島が混ぜ合わさったような島を「所謂于山島」と記述して「于山島」と断定しなかった。

それは官吏自身が、自分の描いた地図が正確でないことを知っていたからである。

19世紀半ばに製作された海東輿地図の鬱陵島・于山島部分の拡大図：于山島の峰がはっきりしている。（韓国国立中央図書館蔵）

しかし朝鮮は、一八世紀後半までには再び独島を明確に認識するようになる。一八世紀から一九世紀にかけて製作された朝鮮の地図を見ると、独島に関する認識が正確になって行ったことが分かる。

于山島に峰が描かれた地図

一八世紀半ば以降に作成された朝鮮地図には、「于山島（独島）」が鬱陵島の東に明確に描かれている。

そして于山島に峰の形が描かれ始める。竹嶼島には峰がないので、峰の描かれた于山島は明瞭に独島を意味している。一八〜一九世紀を通じて、朝鮮は、独島に対する領有権を自国の地図に確実に表現したのである。

鬱陵島から東へ２キロメートル離れた峰のない竹嶼島

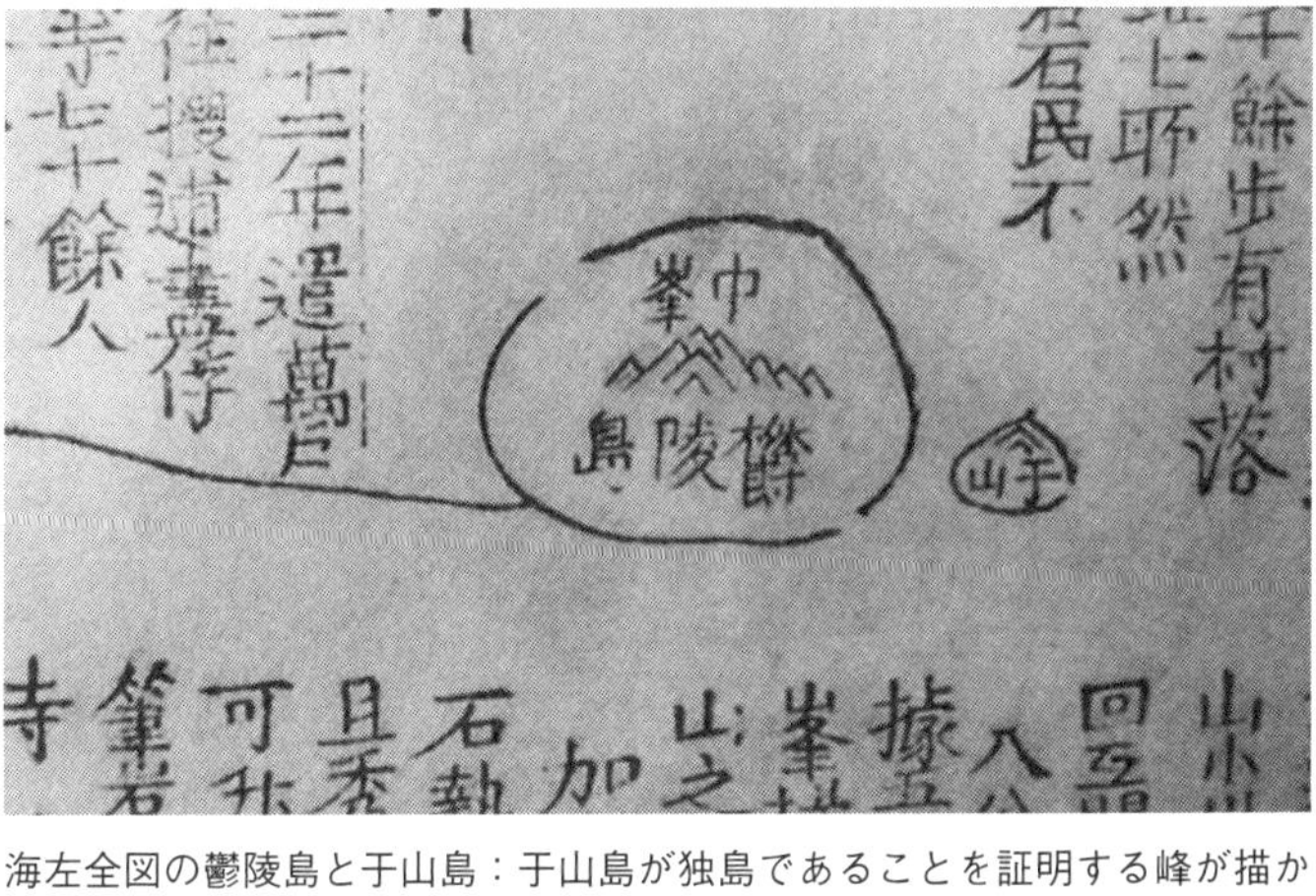

海左全図の鬱陵島と于山島：于山島が独島であることを証明する峰が描かれている。（ソウル大学奎章閣蔵）

3　『東国文献備考』に記された独島

鬱陵島等に対する調査を背景に、洪鳳漢等は英祖四六（一七七〇）年に王命により古今の文物と制度を収録した公文書『東国文献備考』を編纂する。この公文書は一〇〇巻四〇冊の活字本になっているが、「輿地」の巻には于山島の話が出ている。

この書籍は『新増東国輿地勝覧』の間違いを正したために、非常に大きな意味を持っている。またこの公文書には、于山島が現在の独島であることが明確に記されているが、日本の一部の学者たちはその部分をひどく歪曲している

朝鮮では、日本の言う松島は朝鮮の于山島（独島）であるという認識が広がった。安龍福の活躍と鬱陵島とその周辺を捜索したときに、于山島とは鬱陵島の直ぐ隣にある竹嶼島ではなく、松島（独島）という認識が定着したのである。『東国文献備考』には次のように記載された。

輿地志曰く、鬱陵・于山、皆于山国の領土である。于山とは倭の言う松島である。

（原文：輿地志云鬱陵于山皆于山國地于山則倭所謂松島也）

――『増補文献備考』巻之三一「輿地考一九」蔚珍古縣浦条

『東国文献備考』は現存しないため、それを一九〇八年に再出版した『増補文献備考』から当該の部分を右に引用した。日本は、朝鮮や韓国が独島を領有したことがないと主張しているが、この書籍や当時の朝鮮地図は、朝鮮が確かに独島を領有していたという証拠になる。『東国文献備考』の「輿地考」という部分は申景濬《シン・ギョンジュン》が書いたが、『増補文献備考』はそれをそのまま再収録した。そこに「輿地志曰く、鬱陵・于山、皆于山国の領土である。于山とは倭の言う松島である」と書かれている。朝鮮は、鬱陵島争界のときに安龍福が認識した内容を一八世紀に入ってより正確に認識するようになった。

4　日本の歪曲論理

日本はこれに対して反駁しているが、その代表的な学者は拓殖大学の下條正男教授である。日本側では、于山島が松島、すなわち独島と確実に記述された官撰書が存在しているので、これを批判しなければ日本の独島領有論理が崩壊すると危機感を感じて歪曲を始めたと思われる。下條氏はこの文章がでっちあげだと言う。下條氏の主張を分析して、彼の論理のどこが問題なのか見てみよう。

〈下條正男拓殖大教授の論理〉

（一）『東国文献備考』「輿地考」の注記にある文章、つまり「輿地志曰く、鬱陵・于山、皆于山国の領土」という文章の出典として記録されている『輿地志』は柳聲遠《ユ・ソンウォン》が一六五六年に編纂した文献である。

しかし問題は、第一に、『輿地志』が現在残っていないため、引用された部分を直接確認することができないという点、第二に、『東国文献備考』が他の本を根拠に編纂されたためにその過程で歪曲された可能性があるという点である。

（二）『英祖実録』英祖四六年、閏五月一六日条：『東国文献備考』「輿地考」の根拠となった一文は申景濬の『疆界考』にあり、『東国文献備考』「輿地考」の編纂も申景濬自身が担当したと記されている。

つまり柳聲遠の『輿地志』は、申景濬の『疆界考』に引用され、それが再び『東国文献備考』の「輿地考」に引用されたのである。

ところで『疆界考』の記述は次の通りである。「輿地志曰く、一説に于山と鬱陵は本来一島。しかし、いろいろな図志を見て考えると二島である。一つはいわゆる松島で、二島はともに于山国である」。

『東国文献備考』「輿地考」には、「輿地志曰く、鬱陵・于山、皆于山国の領土」と引用されているが、その根拠となる『疆界考』には「輿地志曰く、一説に于山と鬱陵は本来一島」と書かれている。

申景濬は、もともと『輿地志』からの引用文である「一説に于山と鬱陵は本来一島」という部分を削除して、自分の私的な見解、すなわち「鬱陵・于山、皆于山国の領土」という文を『輿地志』の原文のようにして『東国文献備考』の「輿地考」に書き入れたのである。

(三) 韓国で于山島が松島(＝独島)であり、独島が鬱陵島の属島であると主張する根拠は申景濬の捏造にある。すなわち韓国の独島領有権主張には根拠がない。

〔出典：下條正男『竹島、その歴史と領土問題』二〇〇五年〕

この下條氏の主張を要約すると、申景濬という学者が『輿地志』に記録された文章である「鬱陵と于山は本来一島」という部分を、『東国文献備考』「輿地考」に「輿地志曰く、鬱陵・

于山は皆于山国の領土」であり、于山は倭の言う松島であると、歪曲して記述したという話である。果たして彼の主張は妥当であるのか。

結論的にいうと、このような主張は根拠のない下條氏の推測に過ぎない。先ず当時朝鮮で「于山島は于山国の領土であり、于山島は日本の言う松島」という認識があったため、中景濬がそれを公文書に記載したのである。下條氏が申景濬が個人的な見解を『東国文献備考』「輿地考」に書いたと主張するのは的外れだと言わざるを得ない。

朝鮮は安龍福の陳述、すなわち「子山島（于山島）は倭の言う松島」という内容を受け入れた。そして「二つの島は貴国のもの」という日本側の言葉を『粛宗実録』に記録して、鬱陵島と独島が朝鮮領であると宣言した。

日本政府も、江戸時代に鬱陵島渡海禁止令によって二島は朝鮮のものと認められたということを、一八七〇年の「朝鮮国交際始末内探書」と一八七七年の「太政官指令文」で再確認している。

そういう経緯から、于山島が松島であって現在の独島だという認識は、申景濬の個人的見解ではなく、朝鮮王朝と日本政府の公的な見解であった。そして彼の書いた公文書の内容を当時の朝鮮王朝が承認した事実を見ても、朝鮮王朝は独島を自国の領土と認識していたことが証明される。

そして申景濬が『輿地志』の原文を歪曲したという話は、まさに下條氏の推測を基にした根拠のない言い掛りに過ぎない。なぜなら、下條氏は申景濬の書いた『彊界考《カンゲゴ》』（一七五六年）に出ている句を読んで、「輿地志曰く、一説に于山・鬱陵は本来一島」という部分だけが『輿地志』からの引用だと主張するが、申景濬が『輿地志』からその部分だけを引用したという証拠は一切ない。

当時は引用文だけでなく文章自体に記号（たとえば、読点や句読点、括弧など）を全く付けなかったということは常識である。そのため、どこからどこまでが引用文なのかは『輿地志』の原文を見なければ分からないことである。しかし、下條氏は「輿地誌曰く、一説に于山・鬱陵は本来一島」という部分だけが『輿地志』から引用した文だと勝手に決め付けたのである。『輿地志』が現存していないので、引用した範囲がどこまでだったのか確認するすべはない。そういう点を悪用して、下條氏のように根拠もないのに自分勝手に事実を捏造するのは、学者としての品位に欠けると言わざるを得ないだろう。

一方、朝鮮・韓国では『彊界考』に書かれた長い句のすべてを引用文と見ている。すなわち、「輿地志曰く『一説に、于山・鬱陵は本来一島』といった。ところで、多くの図誌を見て考えると二島である。一つはいわゆる松島である。二島は皆于山国である」という文章の全体を当時の朝鮮でも現在の韓国でも『輿地志』の原文と見ているのである。

それではなぜ『東国文献備考』は、下條氏が強調する「一説に、于山・鬱陵は本来一島」という『輿地志』に書かれた文を省略したのだろうか。実は、この部分は本来『輿地志』が最初に記述した内容ではない。「一説に、于山・鬱陵は本来一島」という文は、『新増東国輿地勝覧』（一五三〇年）に初めて記述された内容であった。『新増東国輿地勝覧』には、次のように記されていると言う事は前述の通りである。

于山島・鬱陵島

武陵ともいい、羽陵ともいう。二つの島は県の真東の海の中にある。三つの峰はまっすぐ伸びて空に届き、南の峰は少し低い。天気が清明ならば峰の頭の樹木と山の下の砂原がはっきり見え、順風なら二日で着くことが出来る。**一説に、于山と鬱陵は元々一つの島**であり、地方は百里である。

——『新増東国輿地勝覧』巻四五、蔚珍県于山島鬱陵島条

引用文を見れば、「**一説に、于山と鬱陵は元々一つの島**」と記されている。つまり、この言葉は『輿地志』ではなく、『新増東国輿地勝覧』が初めて記した言葉だったのである。そのため「一説に、于山・鬱陵は本来一島」という『輿地志』の文は、『輿地志』が『新増東国輿地

勝覧』から引用した部分なのである。そのために、『東国文献備考』「輿地考」はこの言葉を省略して、本来の『輿地志』の言葉だけを引用したのである。

ところが下條氏は、本来『新増東国輿地勝覧』から『輿地志』が引用した言葉を、『輿地志』の本来の言葉と主張しているのである。結論的に下條氏の主張は論理的に成立し得ない断定に過ぎない。

下條氏の主張とは正反対に、『輿地志』が初めて記した『輿地志』そのものの内容とは、「一説によると于山と鬱陵は本来一島」という文を除いた他の部分なのである。

その文に続いている「しかし、いろいろな図志を見て考えると二島である」という部分から が『輿地志』が初めて記した内容、つまり『新増東国輿地勝覧』の「一島説」を否定する内容である。

結局、『輿地志』は「二島である」という内容を重要なメッセージとしていたと考えられる。さらに「二島である」という主張は、それに続く『輿地志』の文章にも出てくるために、『東国文献備考』では「しかし、いろいろな図志を見て考えると二島である」という文も削除して、全体的に『輿地志』からの引用文を整理した形としたと考えられる。

結局『疆界考』に書かれた『輿地志』の引用文の本質的な内容だけを残して『東国文献備考』の文章として整えられたと言える。さて『疆界考』の文章から『新増東国輿地勝覧』からの引用や重複する文を整理すれば、『疆界考』の文章は次のようになる。

輿地志曰く、（于山と欝陵の二島は）一つはいわゆる松島（＝独島）で、二つの島はともに于山国なのである（按輿地志云［于山欝陵二島］一則其所謂松島而蓋二島倶是于山國也）。

この内容を分かりやすくすれば、次のようになる。

輿地志曰く、于山と欝陵、この二島はともに于山国の領土で、一つはいわゆる松島（＝独島）である（輿地志云欝陵于山皆于山國地一所謂松島也）。

このように申景濬によって整理された『疆界考』の文章は、『東国文献備考』の文章とほぼ一致する。

また当時、官撰書を編纂する過程で、今は現存しない『輿地誌』が当時は存在していたので、常に比較して見られる状態であった。そのため、『輿地誌』の原文を歪曲するのはほとんど不可能であったと推察される。

5　『万機要覧』の于山島

『東国文献備考』が出版された後も、韓国の官撰書に于山島は独島であるということが引き続き記された。

一八〇八年に編纂された官撰書に『万機要覧』という書籍があるが、その中にも于山島は于山国の地であり、日本の言う松島と記録されている。『万機要覧』は朝鮮後期の財政と軍制を主に説明した書籍であり、純祖八（一八〇八）年に便覧用に一〇冊余りが編纂され、歴代の王たちは常に傍に置いて愛読した書籍である。于山島に関する記述は『万機要覧』「軍政編四の解放、東海」という部分に載っている。ここには『東国文献備考』「輿地考」とほぼ同じ言葉が入っている。すなわち「輿地誌曰く、鬱陵と于山は皆于山国の地であり、于山は倭の言う松島」という言葉が載っているのである。

重要なことは、このように朝鮮が独島は自国の領土と幾度も官撰書を通して確認し、宣言したことである。日本は一六九六年に松島（独島）が日本の地ではないと確認したが、朝鮮は引続き于山島（松島、独島）が自国の地であることを確認し、宣言してきたのである。

6　日本も于山島が独島であることを認識していた

(1)「于山島」が「独島」であることを証明する日本の公文書

一九世紀後半まで、日本では鬱陵島を竹島、独島を松島と呼んだ。韓国では、歴史的に二つの島を鬱陵島と于山島と呼んだ。しかし、日本側は于山島は松島(独島)ではないと主張している。そんな文書は日本にはないと言い張ってきた。

ところが日本が、「于山島は松島(独島)」という事実を知っていたことを示す日本の公文書が発見された。

「対馬宗家文書古文書」(No.四〇一三)を見ると、当時の江戸幕府の質問に答える形で対馬藩は「日本でいう竹島(鬱陵島)と松島(独島)は、朝鮮では鬱陵島と于山島と言う」と確認した記録が残っている(国史編纂委員会所蔵文書)。

日本側は韓国側記録や地図に韓国領土と示されている「于山島」を独島とは絶対に認めようとしない。それを認めれば、独島が韓国領ということを認める結果につながるからである。しかしこの古文書は、当時の朝鮮で独島を「于山島」と呼んでいたことを、日本自体が知っていたという事実を証明している。

江原道蔚珍県の東海の中に蔚陵島（＝鬱陵島）という島があり、日本では竹島と申します。（中略）松島に関しては、元禄年間に幕府の老中阿部豊後守様がお尋ねになったときに、竹島の近くに松島という島があり、（中略）朝鮮地図を見て考えれば、鬱陵と于山の二島と言えます。

（原文：朝鮮國江原道蔚珍縣之東海中ニ蔚陵島与申離島有之、日本ニ而竹島与相唱申候、（中略）松島之儀、元祿年御老中阿部豊後守様より御尋之節、竹島近所ニ松島与申嶋有之、（中略）朝鮮地圖を以相考候得者、蔚陵・于山二島有之与相見申候）

――「対馬宗家文書古文書」

このように于山島、つまり独島は数多くの朝鮮の古文書と古地図に朝鮮領土と記録され、描かれてきた。しかし日本は、于山島（独島）が朝鮮の地であることを知りながらも、その事実を無視してきたのである。

参照：「日本の独島領有権主張に対する反論」（二〇一一年六月一日　李薫：北東アジア歴史財団）、〈「独島に関する誤解と真実」国会シンポジウム〉発表文。

（2）外務省田辺局長が松島（独島）を鬱陵島に属する于山島と断定

一八七六年、民間人武藤平学が外務省に建議書「松島開拓ノ件」を提出した。文書名の中の「松島」とは、ここでは独島ではなく、鬱陵島を意味する。当時、島の名称が混乱し、多くの日本人が鬱陵島を松島と呼んでいたのである。

ところでこの建議書について、外務省の田辺太一局長は「松島」を従来通り「独島」と解釈し、「松島は朝鮮の鬱陵島に属する于山」と述べている。

> 松島ハ我邦人ノ命セル名ニシテ　其実ハ朝鮮蔚陵島ニ属スル于山ナリ　蔚陵島ノ朝鮮ニ属スルハ旧政府ノ時一葛藤ヲ生シ文書往復ノ末永ク証テ我有トセサルヲ約シ載テ両国ノ史ニ在リ　今故ナク人ヲ遣テコレヲ巡視セシム此ヲ他人ノ宝ヲ数フトイフ
>
> ――川上健三『竹島の歴史地理学的研究』一九六六年、四四頁

このように江戸幕府でも日本の外務省でも、松島（独島）を「朝鮮の鬱陵島に属する于山」と知っていた。即ち、日本は昔から于山島、つまり独島が韓国の固有領土であることをよく知っていた。知っていながら、一九〇五年、日本政府は独島を無名であり、無主地という虚偽の論理で、島根県に強制編入した。しかし、日本も認めた朝鮮の于山島（独島）が、日本の固

有領土である可能性はゼロである。日本政府は、独島が日本の固有領土だという主張を深く反省する必要があるだろう。

7　鬱陵島へ渡って処刑された八右衛門

日本の学者の一部は、一七世紀に鬱陵島を往来した鳥取藩が松島（独島）は自分の領土ではないと江戸幕府に報告した公文書を意識して、鳥取藩の他にも松島を領土と思っていた藩があると考え、そのような記録を探している。その一つとして彼らが取り上げているのが、浜田藩の八右衛門事件である。

八右衛門は、浜田の松原浦で沿岸海上運送用の廻船一隻を所有していた船長であった。彼が口述した内容の抜き書きである『竹島渡海一件記全』（東京大学付属図書館所蔵）によると、八右衛門は北海道の松前へ航海する度に、竹島（鬱陵島）の近くを通ったのだが、彼は島に物産が豊かであり、周辺は豊富な漁場だと気づき、鬱陵島に対する渡海許可を藩に申し込んだ。

当時の浜田藩主は、幕府の筆頭老という要職にある周防守の松平康任であった。彼は浜田の江戸官邸の重臣から「竹島（鬱陵島）は日本の地と定め難いので慎むこと」（原文：竹嶋之儀者日出之地共難差極候付）と幕府から命じられたため、八右衛門に鬱陵島へ渡航することは諦めて、松島（独島）にせよとの指示を与えた。

その後、八右衛門は浜田の家老（藩主補佐役）等と相談の上、松島への渡海を口実にして竹島（鬱陵島）への渡航を決行する。なお八右衛門の渡海は、竹島の物産の獲得ではなく密貿易が目的だったという記録も残っている。

一八三三年、八右衛門は隠岐の島を経由し鬱陵島へ渡っていった。その時に彼が描いた絵図「竹島絵図」が残っている。絵図に記載された内容を見ると、一八三三（天保四）年七月に隠岐の島後福浦で順風を待ってから、一七日に出航し二一日に竹島（鬱陵島）に着いた。その後、八月二三日に竹島（鬱陵島）を出発して二七日、石州（石見国：現島根県の一部）の浜田浦に戻ってきた。

日本の一部の学者たちは、八右衛門が松島（独島）へ渡海するという口実で鬱陵島に渡ったことを指摘しながら、松島（独島）への渡海は禁止事項ではなかったと主張する。

しかし浜田藩主が松島（独島）への渡航を許可したのは、江戸幕府の命令ではなかった。結果的に松島について詳しく知らない浜田藩主の勧めによって八右衛門は竹島（鬱陵島）への密航を決行したのである。

日本の研究者たちは八右衛門事件を取り上げながら、松島（独島）への渡海は一六九六年以降も禁じられていなかったと主張してきた。しかしその認識は江戸幕府の認識ではなく、浜田藩主やその家臣たちの誤った認識に過ぎなかった。結局、八右衛門は竹島（鬱陵島）まで渡航して密貿易を行ったために、死刑に処された。

日本の学者たちの一部がよく引用する八右衛門に対する死刑判決文は次のようである。

　この者は、石州松原浦で船乗りとして働いていた。彼は北海道へ渡海する時によく見た竹島（鬱陵島）が朝鮮国に付属する地であることを知らなかった、と主張している。しかしこの島は人が住まない空島であるが、良い木もあり、海辺近くに魚も多く、漁業や伐木等をしたら非常に利益になると思ったのだろう。それで上京した際に、前藩主の松平周防守の臣下の三沢五郎石衛門、村井荻石衛門、そして藩主の松平益筋に依頼して、同島への渡海を望んでいることを大谷作兵衛に要請した。（中略）竹島（鬱陵島）は日本のどこの国の領土とも定めがたいので（そこへ）働きに行ってはならないという村井荻石衛門の言葉を聞かず、大谷作兵衛の臣下の橋本三兵衛に（竹島への渡海を）取り持ってほしいと依頼した。その時（竹島の）近隣の松島（独島）への渡海を名目にして竹島へ渡り、商売の方法を確認した後で、収益性があれば取り扱う方法もあるといったので、大谷家の執事の岡田秋濟と臣下の松井圖書もそれを受け入れた。（中略）善兵衛のほか何人かと船に乗って竹島へ渡海し、絵と図面等を作って伐採し、人参と区別のつかない草の根などを持ち帰った。

異国人に会って取引したことはなかったが、もともと国境が明確でない地であると思っていた。さしずめ前藩主が大役を担っていたので、望めば成功すると思った。これに秋濟の他の何人かと一緒に渡海し、既に異国の属島になった島へ渡海したことは国の体面に関する、軽くない罪を犯したので、よって死刑を申し渡す。（傍点は著者）

―八右衛門に対する死刑判決文―

――大熊良一『竹島史稿―竹島（独島）と鬱陵島の文献史的考察』一九六八年、二〇六～二〇七頁

この判決文には、松島へ行くという口実を作り上げた者は、八右衛門自身だと書かれている。幕府の官吏が松島渡航を八右衛門に建言したなら、松島渡航は江戸幕府によって計画されたといえる。このような場合には江戸幕府が松島（独島）を日本領土と認識していたという結論につながる。

しかし、この判決文は松島（独島）への渡海を問題にした文書ではなく、秘密に竹島（鬱陵島）へ渡海したことを問題にした文書である。そのためこの判決文は、八右衛門が松島渡海という名目をかかげて竹島（鬱陵島）へ渡ったという事実関係だけを述べている。これは不毛の島である松島（独島）へ渡海したことより、アワビ・人参・アシカ・木材などが豊富な竹島（鬱

陵島）へ渡海し、禁じられた密貿易をしたことが問題だったためである。

判決文を読めば、八右衛門は松島へ行くという名目を広く公言したのではなく、何人かに話しただけであった。そして八右衛門が取り調べを受けたときに「竹嶋方角図」という地図を作成したのだが、その地図には朝鮮・鬱陵島・独島が皆同じ赤色で塗られており、隠岐や日本の本土は黄色で塗られていて領土がはっきりと区別されている。この地図を見ても、当時の日本は鬱陵島と独島を朝鮮領土として認識していたことが確実に分かるのである。

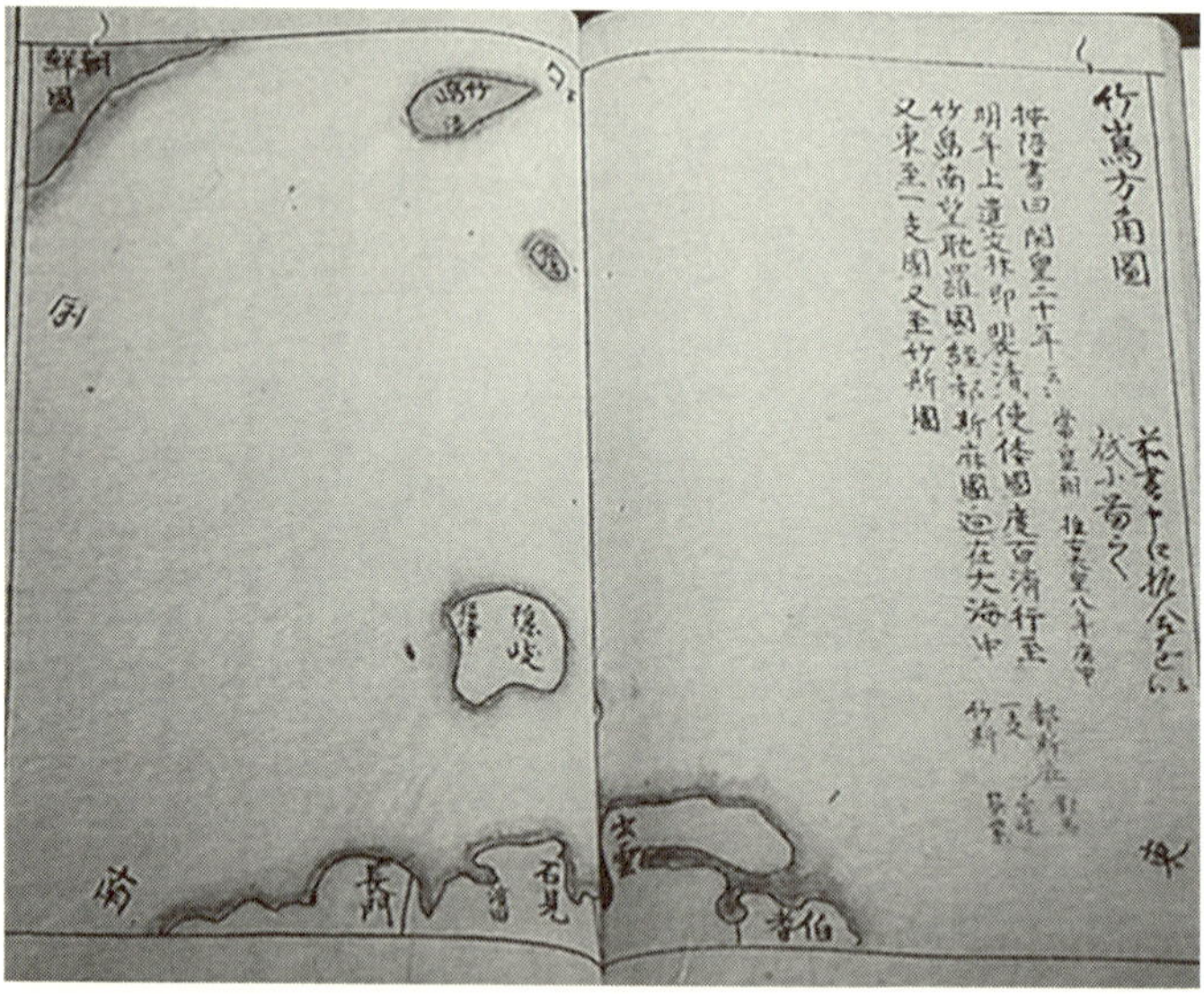

竹島方角図（原本）：東京大学図書館（本郷）所蔵

【コラム6】江戸幕末に鬱陵島を狙った長州藩

江戸幕府は鬱陵島と独島を朝鮮の地と認めたが、一八六八年に起きた明治維新の中心勢力だった長州藩出身の人間たちは鬱陵島に対する野望を捨てていなかった。一八六〇年七月二日に長州藩の桂小五郎（後の木戸孝允）と村田蔵六は連名の『竹島開拓建言書草案』（『木戸孝允文書八』収録）を江戸幕府に提出して、竹島（鬱陵島）を開拓することを建言した。

鬱陵島を開拓して日本が海外に雄飛する足がかりにしようと、初めに建言した人物は、長州藩の兵学師範であり思想家でもあった吉田松陰である。桂小五郎と村田蔵六は吉田松陰の弟子たちだった。

吉田松陰は元禄年間（一六八八〜一七〇三）の鬱陵島争界（竹島一件）についてよく知っており、竹島（鬱陵島）が朝鮮領であることも知っていた。しかし彼は鬱陵島が朝鮮領ということに不快感を吐露した。

元禄年度に竹島を朝鮮に引き渡したということについて、（私は）不愉快だと述べた。

——吉田松陰「桂小五郎宛書簡」安政五年二月一九日、

吉田常吉、藤田省三、西田太一郎　校注『吉田松陰』一九七八年、二三八頁

それ故に、吉田松陰は弟子の桂小五郎に送った書簡の中で、次のように鬱陵島への攻略を促している。

朝鮮と満州を占めるには、先ず竹島（鬱陵島）を足がかりにすべきだ。朝鮮に、今竹島が空いているのは無益であるので、我々（長州藩）が開墾すると言っても異議はないだろう。（中略）開墾という名目で渡海すれば、それが初航海の雄略となる。

——吉田松陰『桂小五郎宛書簡』安政五年七月一一日条から引用、二二四頁

後に明治政府の中枢を成した長州人脈の思想的支柱だった吉田松陰の計略が、日本の鬱陵島への侵略に繋がったことに注目しなければならない。竹島、つまり鬱陵島を侵略するなら、もちろん独島も言うまでもなく彼らの侵略対象であった。

吉田松陰の竹島攻略論を実行しようとした者たちが、吉田松陰の弟子である桂小五郎と村田蔵六であった。彼らが竹島（鬱陵島）開拓を建言した草案が『竹島開拓建言書草案』である。

吉田松陰から竹島（鬱陵島）を攻略しなければならないという教えを受けた桂小五郎は、村田蔵六と共に一八六〇年幕府老中の久世大和守に、西洋の列強よりも早く鬱陵島を開拓しようと建言したが、幕府はこれを認可しなかった。（菊池貞雄『征韓論の眞相とその影響』第一部、一九四一年、一九頁）長州藩とは違って江戸幕府には一七世紀の末に朝鮮の地と認めた鬱陵島を侵略するつもりは全くなかったからである。

『竹島開拓建言書草案』は、長州藩の武士たちが鬱陵島を朝鮮領と知りながらも侵略しようとした文書であることを見逃してはならない。明治維新を断行して明治政府の中枢部を掌握した長州藩第一人者の桂小五郎（木戸孝允）が、鬱陵島を侵略しようとする吉田松陰の計略を受け入れて、それを実行しようとしたのは明治政府の鬱陵島、独島政策が江戸幕府と違って侵略路線に変わっていたことを示す事件であった。

第八章　欝陵島争界以降の日本地図

1　鬱陵島争界以降の官撰日本地図

(1)　元禄日本図

鬱陵島争界が終った後、江戸幕府が初めて作った官撰地図が「元禄日本図」(一七〇二年)である。この地図は形が捩れていて雑に描かれたように見えるが、東海(日本海)に鬱陵島と独島は描かれていない。これは当時、江戸幕府が鬱陵島と独島を朝鮮領と認識していたことを明らかにする地図である。

(2)　大日本沿海輿地全図

一九世紀に入って江戸幕府は各地方の国絵図を中央で集大成して日本全図を作る従来の方法ではなく、日本全体を直接測量して地図を作成しようとした。

この作業を担当した中心人物は、天文学者として名声を得た伊能忠敬《いのうただたか》であった。彼が幕府の事業として日本全国を実測して回って作成した日本最初の実測官撰地図は、一八二一年に完成した「大日本沿海輿地全図」である。

日本全体を測量する作業は、非常に大変な作業である。本来伊能忠敬は日本の東と北だけを

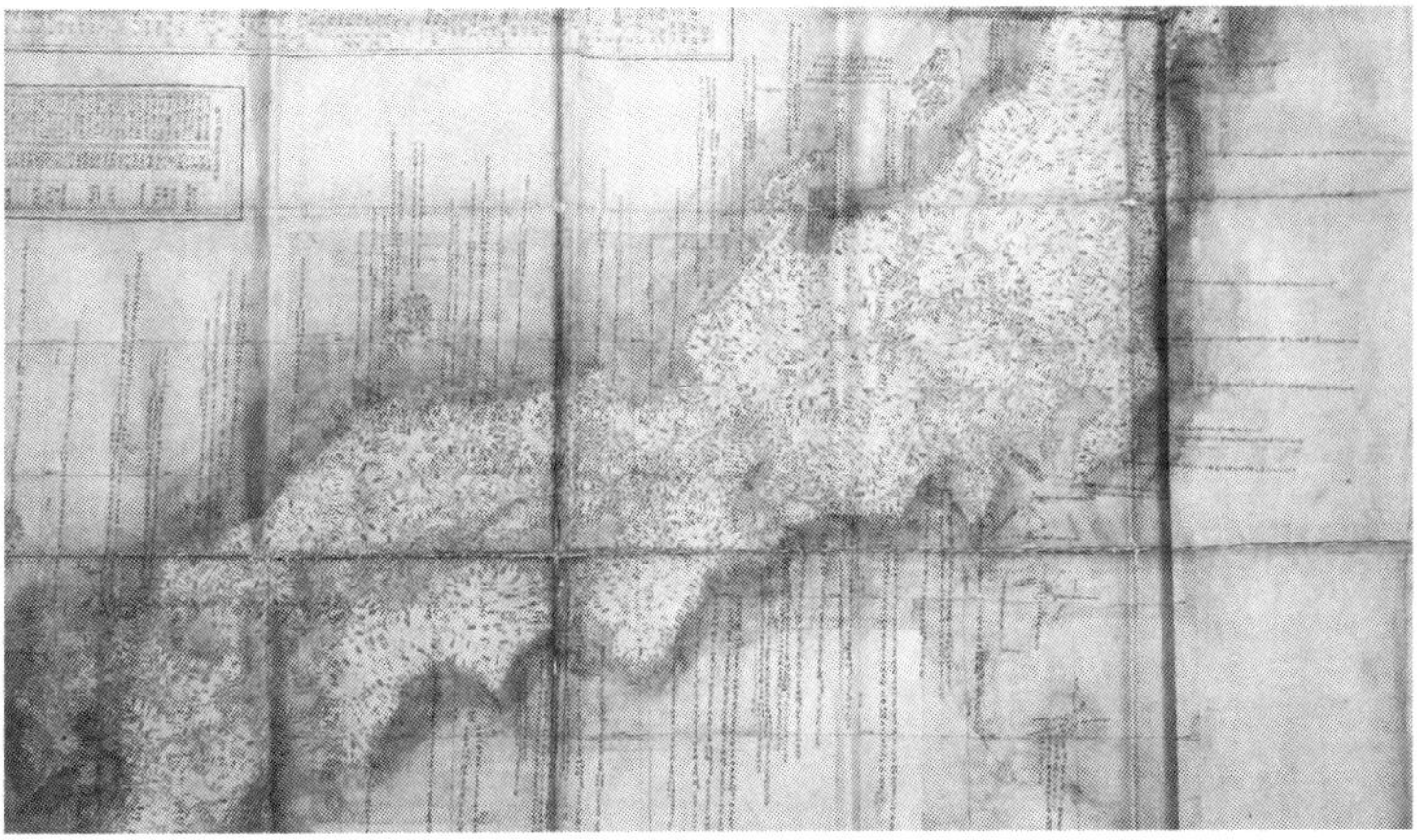

大日本沿海輿地全図

測量し作業を済ませるつもりだったが、幕府の将軍が伊能の作業成果を高く評価して、日本の西の地方まで含めて、日本全国を測量するように命じた。

それで、伊能忠敬の測量事業は江戸幕府の測量事業となり、地図が完成されるまでは二〇年以上を要した。江戸幕府は最初から伊能の実測作業を支援していたが、当初は幕府が伊能の個人事業を支援する形だったのが、日本の西部地方を測量する時は江戸幕府がすべての状況を直接管理する江戸幕府の事業となった。

それは第五次測量作業からだったが、その測量作業の期間に伊能忠敬の測量隊は隠岐の島まで測量した。しかし彼らは独島の測量は行わなかったので、伊能忠敬の『大日本沿海輿地全図』には独島が描かれていない。

これは江戸幕府が、独島を日本の領土と考えなかったからである。日本は「隠岐の島を測量するときには、伊能が病床にあったため、指示が出せなかった」（大能良一『竹島史稿―竹島（独島）と鬱陵島の文献史的考察』一九六八年）という口実を述べている。また一般的には、日本側の学者たちや日本政府は、伊能忠敬の地図から独島が抜けていることについて触れようとしない。それほど伊能の地図は、独島領有権問題において日本側に不利な資料なのである。

ところで、伊能が測量過程を記録した『測量日記』には、彼がなぜ独島を測量しようとしなかったのかが書かれている。日記を分析してみると、伊能の測量隊は鬱陵島や独島を測量する予定が全くなかったということが分かる。

伊能が病気のせいで隠岐の島へ行けなかったのは事実だが、測量する場所を指示したのは実測作業に常に同行した江戸幕府の天文方の者たちだった。そのため実測作業の間、伊能がしばらく病気を患って彼の測量隊が鬱陵島と独島を測量できなかったという解釈は妥当ではない。つまり江戸幕府は、鬱陵島と独島の測量を最初から実測作業に含めず、幕府末期まで鬱陵島と独島を自国の領土ではなく、朝鮮領と考えていたのである。一九三七年に出版された、『伊能忠敬』には、次のような事実が記されている。

（前略）（一八〇五年）五月六日、遂に赤間関に到着した。ここで忠敬は病気となり何日間か在留したが、五月一四日に忠敬は病気にもかかわらず人々と一緒に出発し、五月二四日に萩に到着した。それから六月八日には浜田に、一八日には松江に着いた。忠敬の病気はだんだん重くなったので、そこに在留して治療することにし、部下たちは隠岐を測量しに出かけた。つまり、七月三日に船で知夫里島に着き、同月一七日に作業を済ませ、二一日に三保関に着き、八月四日に松江に戻って忠敬と会った。この時、忠敬は病気からやっと回復し、八月七日に人々と共に松江を出発した。(後略)

——伊達牛助『伊能忠敬』一九三七年

この引用文によれば、伊能忠敬は病気のせいで松江に留まり、隠岐へ行く事ができなかった。しかし測量隊は隠岐へ行き、隠岐だけを測量して松江に戻り、伊能に会っている。伊能忠敬自身が執筆した『測量日記』は、その経緯をより詳しく説明している。『測量日記』によると、伊能は一八〇五年六月二一日まで測量作業を続けていた。彼が発病し測量ができないほどの病状になったのは六月二三日である。それは伊能が隠岐に行くために三保関で順風を待って二日目のことであった。彼が病を癒すために松江に戻ったのは六月二六日であり、その後測量隊は三保関で順風を待って七月三日に隠岐へ出発した。

『測量日記』はその後、測量隊がどうやって隠岐を測量したのかを詳しく記録した。伊能自身は隠岐に行けなかったため、彼は測量隊の記録を基にこの部分に関する説明を後で追加した。『測量日記』は測量隊が隠岐のすべての付属島に船で渡って測量したり、遠測で測量する状況を詳しく記録した。

一般的に江戸幕府の天文方は、伊能の測量隊が行く村にあらかじめ通知を送った（東京地理学協会編『伊能図に学ぶ』一九九八年）。その通知には測量する場所と測量隊に提供しなければならないものなどが書かれていたので、測量する場所にいる官吏に前もって送られた（渡部一郎『伊能忠敬測量隊』二〇〇三年）。そのため、測量隊が鬱陵島と独島に行かなかったのは、天文方の通知に二つの島に関する測量指示がなかったからである。

鬱陵島と独島が描かれた長久保赤水《ながくぼせきすい》の地図は、伊能がよく知っていた地図である。つまり伊能と江戸幕府は、二つの島の存在を知っていながら、測量対象から除いたのである。江戸幕府は、一六九六年に鬱陵島と独島を朝鮮領と認めた朝鮮との約束をよく記憶していたのだろう。一六九六年一月に江戸幕府は「竹島（鬱陵島）渡海禁止令」を下したため、幕府自らがその命令に背いて、伊能の測量隊に鬱陵島や独島へ渡海して測量するようにとは命ずることができなかった。

独島は小さな島なので、地図では省略したと日本の学者の一部は主張する。しかし独島は国境と関係の深い島なので、いくら小さくても描かなければ国境を主張することができない。江戸幕府が独島を官撰地図に描かなかったのは、独島を日本の領土ではなく朝鮮の領土として認めたという意味である。

こうして制作された伊能忠敬の地図は、一九三〇年代まで日本政府が作成した日本全図の基本図となった。

伊能が作成した地図は、長久保赤水の地図のように、経緯度線が引かれている。しかし朝鮮や鬱陵島・独島は地図から除かれた。日本の歴代武家政権のうち、最も領土意識の強い江戸幕府だったが、鬱陵島と独島は日本の領土ではなく朝鮮の領土ということが既に一七世紀末に明らかになっていたので、最初の実測官撰地図も二つの島を除いて作成したのである。

(3) 日本辺界略図

江戸幕府の命令で作成された日本全図には二種類あった。一つは、国絵図を集大成した日本全図であり、もう一つは日本を実際に測量した日本全図であった。その二種類の地図とも鬱陵島と独島を日本領土から除外した。

しかし日本だけでなく、朝鮮や中国が描かれた官選地図には、鬱陵島と独島が描かれている。そういう地図の代表が「日本辺界略図」という地図であり、一八〇九年に幕府の天文方官吏であった高橋景保《たかはしかげやす》が、日本とその辺境を中心に地図を作成するようにという幕府の命令で

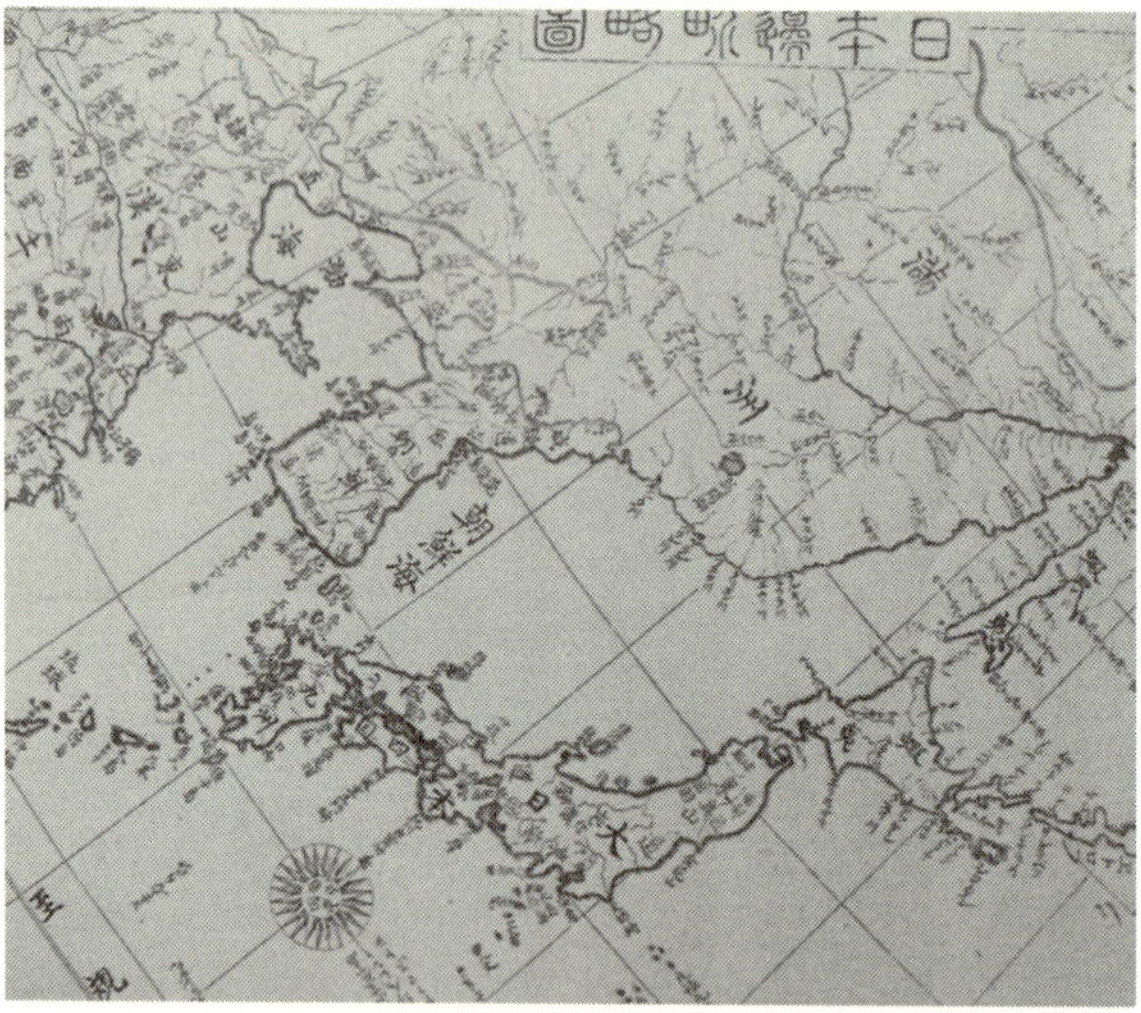

日本辺界略図（1809）（韓国国会図書館独島資料室蔵）

日本辺界略図のうち、朝鮮の部分

作った「公式地図」である。地図を作成した目的は、日本外の地域を調べるためであった。また朝鮮の東の海を「朝鮮海」と明記している一方、「日本海」という表記がないのがこの地図の特徴でもある。

つまりこの地図は、一九世紀に日本が韓国の東の海を「朝鮮海」と呼んだことを実証している地図である。しかし東海の表記に関する問題は、独島問題と直接的な関係けない。海の名前が東海であれ日本海であれ、独島領有権とは関係がない。海の名前は慣習的な呼称なので、東海が日本海になったとしても、その海に浮かぶ独島や鬱陵島などが日本領土になるわけではない。それはインド洋という海に多くの国々が接していても、それらの国々の島々が皆インドのものになるのではないということと同じである。

ところでこの「日本辺界略図」を見ると、朝鮮の東海岸に沿った入り江に「宛陵島」と「千山島」という二つの島が描かれていて、千山島が宛陵島よりも西に描かれている。宛陵島とは鬱陵島であり、千山島とは于山島のことである。一七四〇年頃にイギリスで製作された朝鮮地図は、鬱陵島が「Fang-ling tau」、独島が「Chyan shen-tau」と中国語の発音で記載された。「Fang-ling tau」は宛陵島の中国式発音であり、「Chyan shen-tau」は千山島の中国式発音である。

つまり中国やイギリスなどで製作された地図を参考にして「日本辺界略図」は製作され、この地図は鬱陵島と于山島（独島）を朝鮮領土と認めているわけである。
しかしこの地図に描かれた鬱陵島と于山島の位置は、実際とはだいぶ違う。朝鮮半島の沿岸にあまりにも近いからである。それはおそらく制作者の高橋景保が、鬱陵島と于山島の位置を、中国の「皇輿全覧図」（一七一七年）を参考にして作ったからと思われる。「皇輿全覧図」では鬱陵島を宛陵島と表記し、于山島を千山島と表記しつつ、二つの島を朝鮮の沿岸近くに描いている（イ・サンテ『史料が証明する、独島は韓国領』（二〇〇七年、一二三頁）。

このように高橋景保の地図は、中国地図を参考にして、鬱陵島と于山島の表記を間違えたが、この地図は江戸幕府の官吏が鬱陵島と于山島（独島）を朝鮮領土と認めていたことを証明するものである。

2　江戸時代の主要民間地図

（1）改正日本輿地路程全図

当時民間で作った日本地図の代表は、一七七九年に作成された「改正日本輿地路程全図」だろう。江戸幕府親藩の水戸藩の学者長久保赤水は、一七七九年に経緯度線を入れた精巧な地図を完成した。そしてこの地図には鬱陵島と独島が各々竹島と松島という名前で表示されている。外務省はこの地図こそ日本が昔から鬱陵島と独島を認知していた証拠だと主張する（外務省「竹島問題10のポイント」二〇〇八年）。

もちろんその主張の通り、日本は一七世紀頃から独島の存在を知るようになったが、決して日本領土とみなしていたのではない。日本は一六九六年に鬱陵島と独島が朝鮮領土と確認したため、その後に描かれた一七七九年の「改正日本輿地路程全図」に二つの島が含まれたとしても、それは二つの島の位置を示しただけであり、日本領土を意味してはいない。

この地図で鬱陵島と独島は、日本列島とその付属島嶼などの上に引かれた経緯度線の外側に、朝鮮半島の南端と同じく無色で描かれている。これは二島が日本の領域外の地、つまり朝鮮領土として描かれたことと解釈される。

この地図の鬱陵島と独島の部分だけを拡大してみると、鬱陵島、独島の傍に「見高麗猶雲州望隠州」と書かれているのが見える。この句節は隠岐の島（隠州）を日本の北西の境界と認めた一六六七年の『隠州視聴合記』に出てくる句節である。この句節は「高麗（朝鮮）を眺めるのは、まるで雲州（出雲）から隠州（隠岐）を眺めるのと同じだ」という意味である。『隠州視聴合記』のこの句節を引用したのは、その書籍が認めたように鬱陵島と独島が日本領土外の地であることを示すためといえる。このように地図に記載された文章を見ても「改正日本輿地路程全図」は鬱陵島と独島を日本領域外の島、即ち朝鮮領土とみなしていたのである。

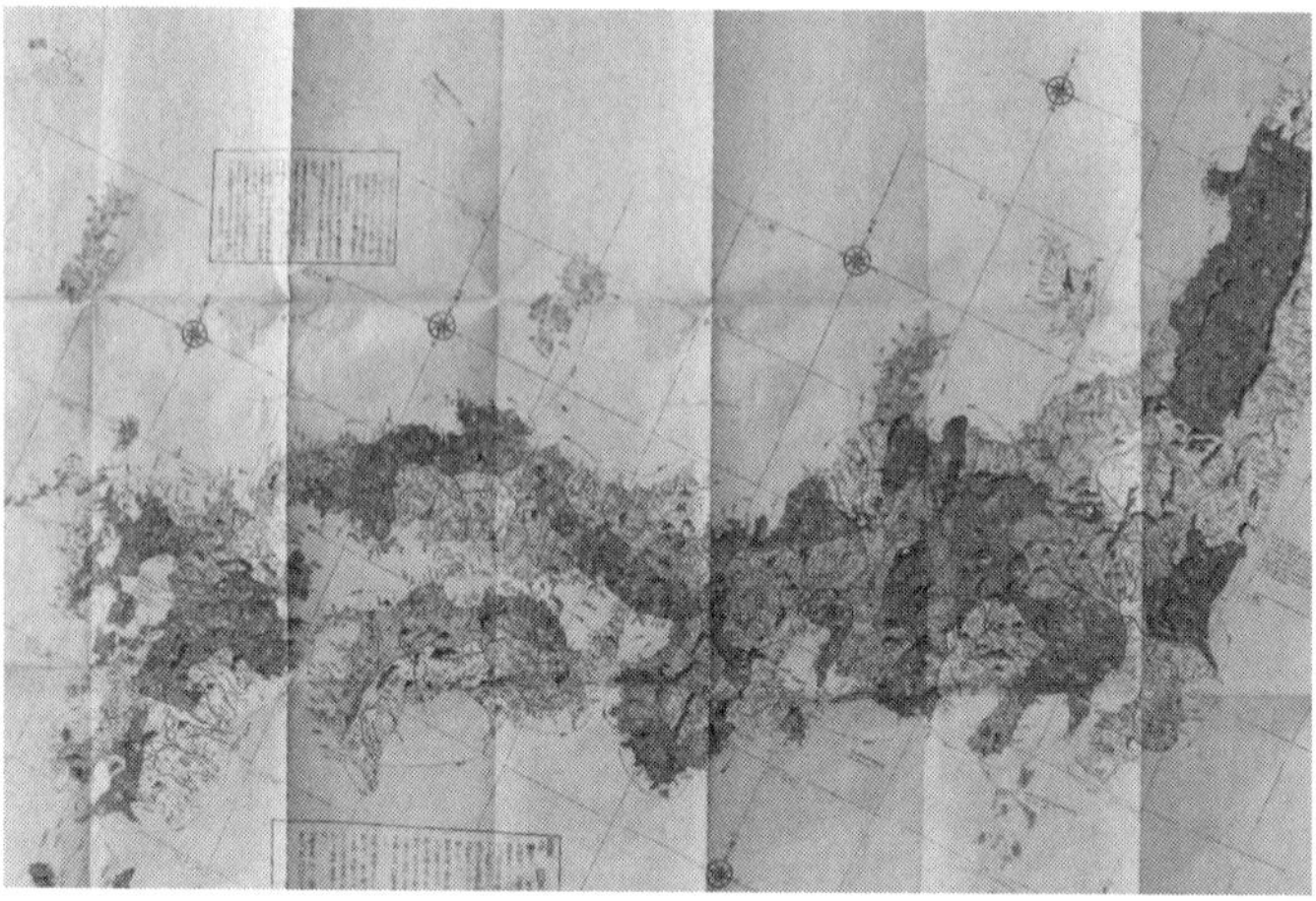

改正日本輿地路程全図（筆者個人所有）

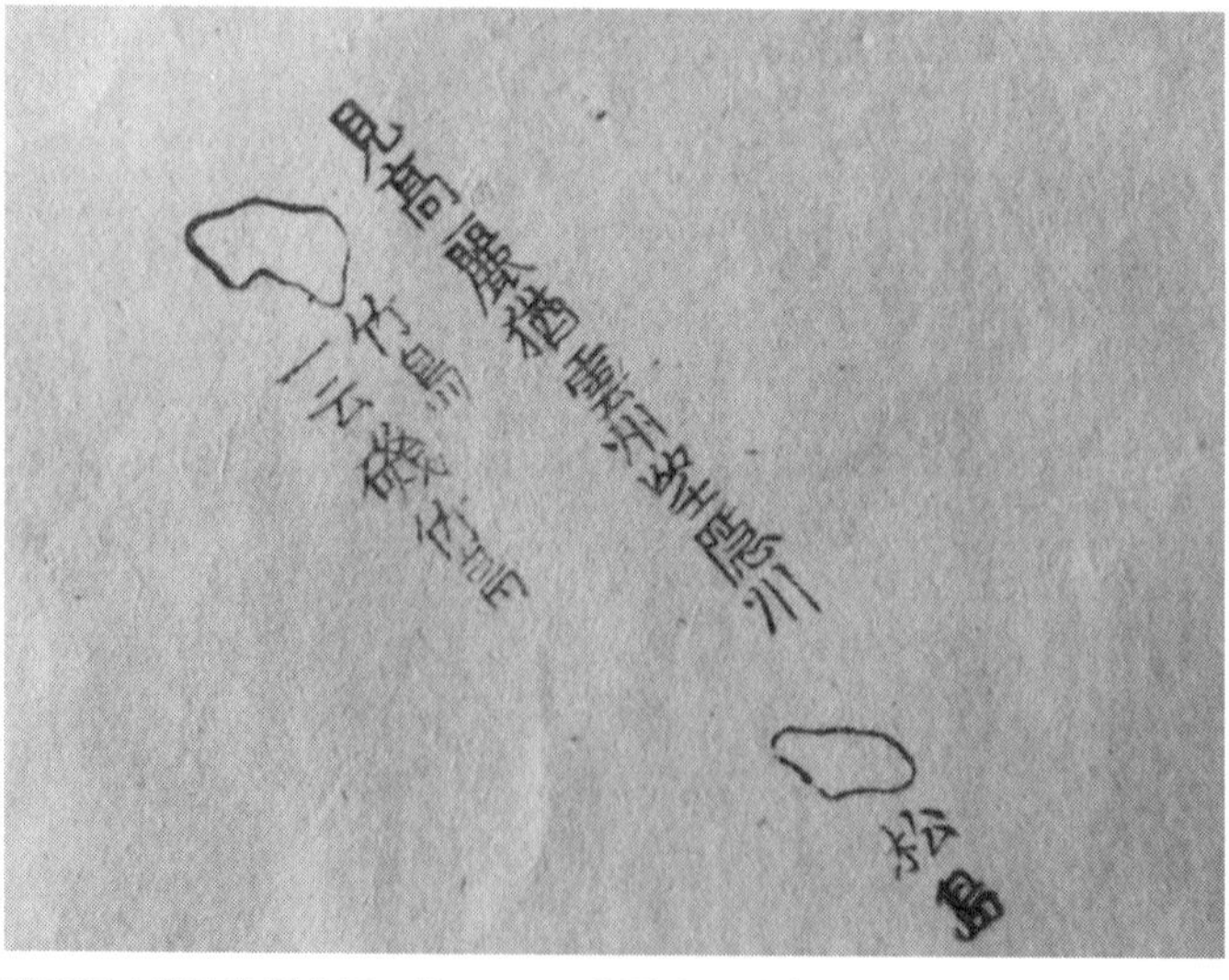

改正日本輿地路程全図に載っている鬱陵島と独島

二〇〇八年に日本が外務省ホームページに載せたパンフレット「竹島問題10のポイント」に記された「改正日本輿地路程全図」には、鬱陵島と独島の上にも経緯度線が引かれているが、その地図は一八四六年に作成された地図なので、長久保が最初に制作した原本ではなく、彼の死後制作された模倣図である。日本政府は初版地図には鬱陵島と独島の部分に経緯度線がないということを隠すために、一八四六年に制作された模倣図を用いて世間の目を眩ませていると言われてもしかたがないであろう。

(2) 三国接壌之図に表れた鬱陵島と独島

民間の日本図の中には、後に江戸幕府の公式地図になったものがある。民間地図が公式地図に昇格したわけだが、それは特別な状況下で実現した。

地理・啓蒙学者であった林子平は、一七八五年に長久保赤水の「改正日本輿地路程全図」と「朝鮮八道全図」などを基に、「三国接壌之図(三国通覧輿地路程全図)」を制作した。(保坂祐二「林子平図と独島」『日語日文学研究』、二〇〇六年)

この地図には朝鮮半島のすぐ東に島が一つあり、東海(日本海)の中に大きな島と小さな島が一つずつ描かれている。そしてその三つの島が、すべて朝鮮半島と同じく黄色に塗られている。さらに東海の中にある二つの島の傍には「朝鮮ノ持也」と書かれている。

東海（日本海）に描かれた二つの島について、正確に知っている人は多くない。普通なら朝鮮半島の東にある島を鬱陵島と考え、東海の中に「竹嶋」と表示された島を独島だと思うだろう。そしてその「竹嶋」の東の小さな島についてはあいまいにするだろう。

ところが一八世紀の日本で竹島（竹嶋）と呼んだ島は独島ではなく鬱陵島だった。そしてその呼称は、一九世紀半ば過ぎまで続いた。そうであるならば東海に描かれた「竹嶋」は鬱陵島ということになる。そうすると、朝鮮半島のすぐ東にある島は一体何だろう。

実はその島も鬱陵島である。林子平は「三国接壌之図」を描いた時に、朝鮮の部分は「朝鮮八道全図」を参考にして描いたと彼の著書『三国通覧図説』の中で明らかにしている。原図の「朝鮮八道全図」を見れば、朝鮮半島のすぐ東に鬱陵島と表示された島が見える。

つまり林子平が描いた地図の朝鮮半島部分は、「朝鮮八道全図」をそのまま写して作ったのである。ところで、東海に描かれた大きな島「竹嶋」も鬱陵島なら、なぜ林子平は鬱陵島を二つも描いたのだろうか。

林子平は彼の著書『三国通覧図説』の中で、地図に表示された日本列島の部分は長久保赤水の「改正日本輿地路程全図」を参照したと明かしている。その長久保赤水の地図には前述の通り、日本列島の上に引かれた経緯度線の外に竹島（鬱陵島）と松島（独島）が描かれている。

結局、林子平の「三国接壌之図」の東海の真ん中に描かれた「竹嶋」は鬱陵島であり、そのすぐ東にある小さな島は松島（独島）なのである。長久保赤水の地図にそう描かれていたため、林は地図を作成しながら、東海の真ん中に竹嶋（鬱陵島）と松島（独島）を描いたのである。つまり、林子平の「三国接壌之図」には、鬱陵島と独島が完璧に朝鮮領土として描かれているのである。「朝鮮八道全図」から写した朝鮮半島のすぐ東の島も鬱陵島であるため、林子平の「三国接壌之図」には鬱陵島が二つ描かれるようになった。

この「三国接壌之図」は、一八五四年に日本がアメリカと小笠原諸島の領有権をめぐって対立した時に、江戸幕府が日本側の公式地図として提示し、領有権紛争でアメリカに勝利した公信力のある地図である（保坂祐二「『三國通覽輿地路程全図と伊能図の中の独島』『日本文化研究』第二七集、二〇〇八年）。

日本の竹島問題研究会の「最終報告書」（二〇〇七年）は、この林子平の地図を「領有権と関係のない地図」と格下げしたが、それは彼らの研究不足から出た、全くの間違いである。林子平の「三国接壌之図」は、独島を朝鮮領と描くことによって、独島に対する韓国の領有権をより確固たるものにしたわけである。

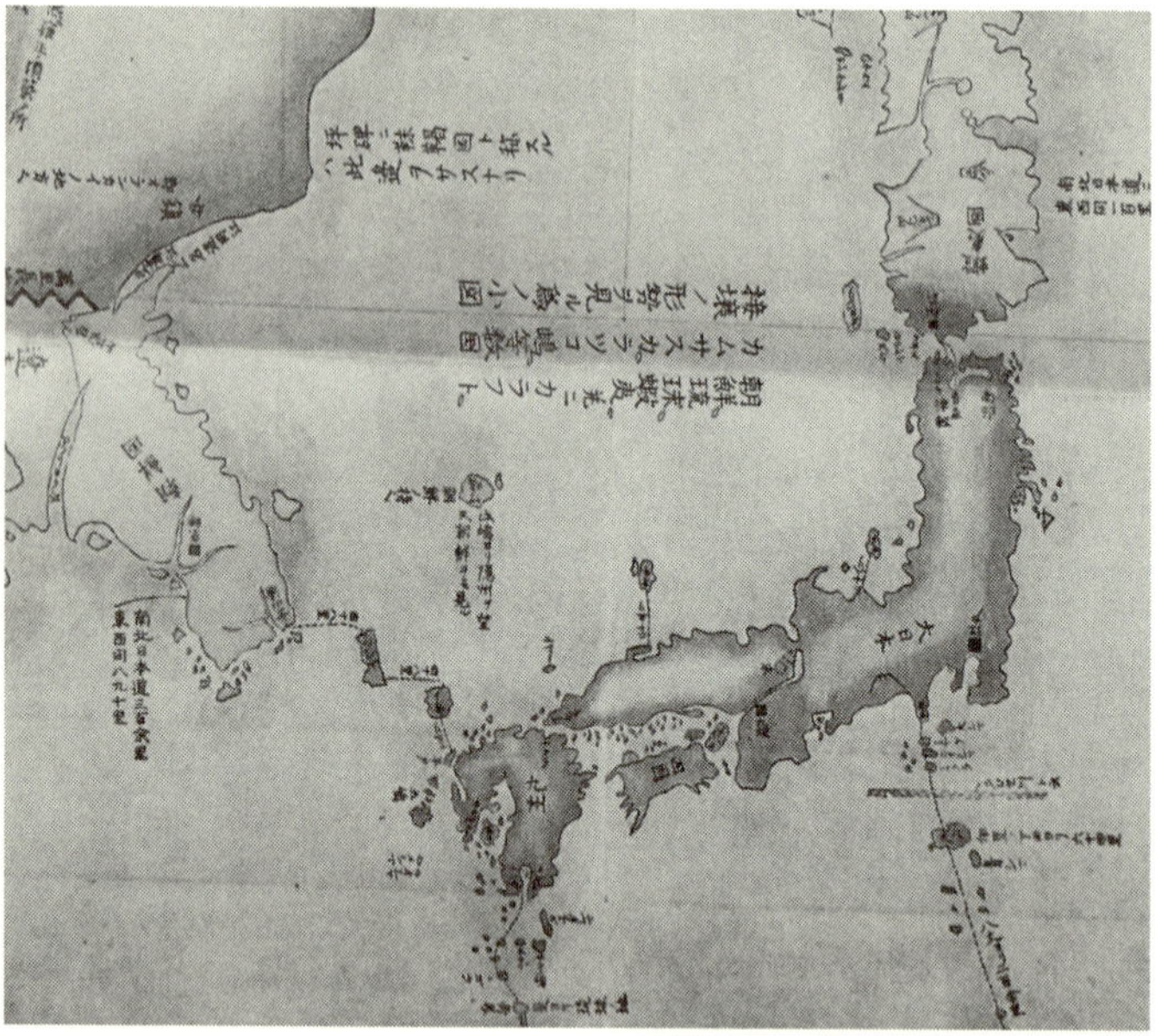

三国接壌之図
（韓国国会図書館独島資料室蔵）

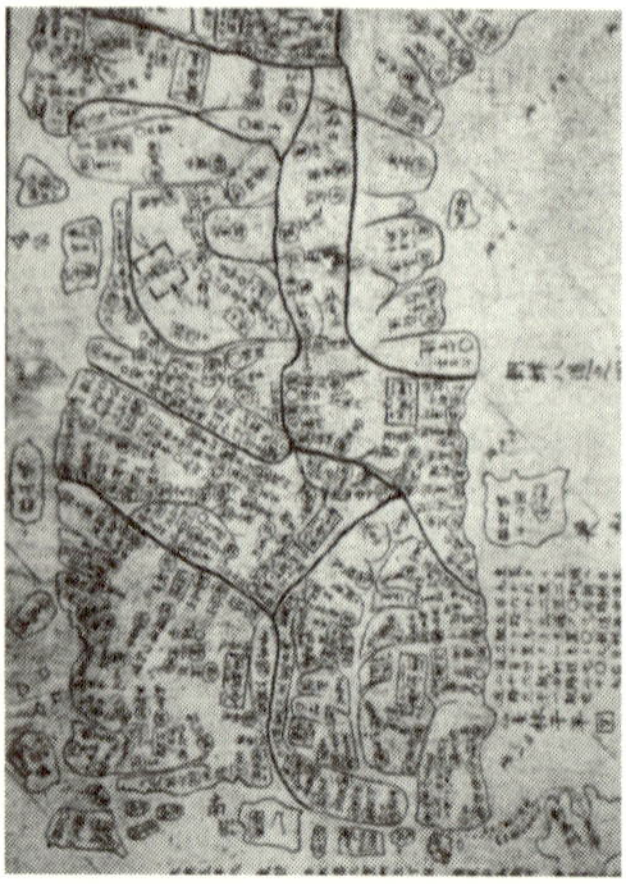

朝鮮半島の東に鬱陵島が描かれている
朝鮮八道全図（筆者個人所有）

結　語

この本は、日韓間の独島領有権問題を一九世紀初めまで歴史的に取り扱った本である。歴史的には、新羅と高麗が領有した于山国は、朝鮮が欝陵島の人々の本土送還政策を通して無人島にした。特に世宗の時代に、朝鮮では欝陵島民たちの本土送還の過程で、欝陵島と于山島（独島）に対する新しい認識が確立し、『世宗実録』「地理志」に欝陵島と于山島について正確に記録を残した。

しかしその後朝鮮王朝は、実際に存在しない蓼島や三峰島の捜索に尽力したので、欝陵島と于山島（独島）に対する管理が不十分になった。その結果、『新増東国輿地勝覧』の注記には、欝陵島と于山島は「本来一島」と記載された。それは歴史的な認識を全て記載したために表れた「一説」に過ぎず、付図である「八道総図」には位置は間違っているが欝陵島と于山島が、半島の東に二つの島として明確に描かれている。

この『新増東国輿地勝覧』の注記に記された「一島説」を「二つの島」と明確に訂正したのが申景濬の『疆界考』であり、『東国文献備考』である。しかし日本の拓殖大学教授下條正男氏は、これに対して成立し得《え》ない根拠を並べて反駁している。

彼は、申景濬は『輿地志』からの引用文である「一説に于山と鬱陵は本来一島」という部分を削除して、私的な見解、すなわち「鬱陵・于山、皆于山国の領土」という文を『輿地志』からの引用文のようにして『彊界考』と『東国文献備考』の「輿地考」に書き入れた、と主張している。しかし当時は文章を区別する句読点や読点、括弧などの記号が無かったため、「一説に于山と鬱陵は本来一島」だけが引用文だと言う下條氏の話は憶測に過ぎない。それだけではなく、下條氏のその他の論理の欠点と、それに対する批判と克服は本書の第七章を参照されたい。

さて、一六世紀の初めから一七世紀末まで、朝鮮王朝は鬱陵島とその周辺に対する捜索を約一八〇年も実施せず、鳥取藩の漁民たちが約七〇年間も鬱陵島へ侵入するのを防げなかった。しかし一七世紀末に安龍福をはじめとした朝鮮の漁民たち約四〇人が国禁を犯して鬱陵島へ行ったため、日本人たちの鬱陵島侵入を知ることができた。また安龍福が日本の漁夫たちによって鳥取藩へ連行されるという事件が起きて、それをきっかけとして日韓間の鬱陵島紛争が始まった。

安龍福は国禁を犯したが、結果的に朝鮮王朝の鬱陵島捜索に対する怠慢を正すという効果が生まれ、鬱陵島と独島を守る土台となった。朝鮮王朝の西人政権と安龍福の活躍で、日本は二つの島を朝鮮領土として認めた。そして江戸幕府は、「鬱陵島渡海禁止令」によって鬱陵島と独島に対する日本人の渡航を禁止した。鬱陵島への渡海禁止には、独島への渡海禁止も含まれている。それは一七世紀末の鳥取藩の報告書だけでなく、一八七〇年の外務省公文書「朝鮮国交際始末内探書」、一八七七年の「太政官指令文」などに「松島（独島）は一七世紀末に朝鮮の付属となった」と明記されていることから見ても明確である。

ただ問題は日本が、特に「太政官指令文」の原本を閲覧禁止にしてしまったことである。日本政府は、独島が日本の領土だと言う前に、日本に不利な資料であっても公開するのが東アジアの平和のための正道ではないだろうか。一七世紀の末に日本が独島を朝鮮領であると認めたので、独島問題はそこですでに解決済みなのである。

一七世紀以降、江戸幕府は自国を描いた官撰の日本地図には、鬱陵島と独島を日本領土として描くことはなかった。

朝鮮王朝は鬱陵島紛争を経験した後、三年に一度鬱陵島とその周辺に船を送って監視を始めた。その過程で独島に関する認識が深まり、官撰書には独島が日本の言う松島であり、朝鮮の地である、明記された。また朝鮮地図には、于山島（独島）に峰を描いて、鬱陵島から東へ二キロメートルほど離れた所に位置した峰のない竹嶼島と区分した。

しかし、一八世紀末まで順調に進んだ鬱陵島とその周辺に対する捜索活動は、一九世紀に入ってほとんど実施されなくなった。その合間を縫って、日本人たちが再び鬱陵島に忍び込んで生活を始めた。そして一九世紀後半、長州藩の武士たちは鬱陵島をステップにした朝鮮への進出を幕府に建言したのである。

一七世紀以降の歴史を見れば、朝鮮が鬱陵島とその周辺に対する管理を怠れば、日本が必ず鬱陵島と独島等に進出しようとするという事実が、日韓関係の法則のように確認される。そして明治時代を迎えた日本は、鬱陵島と独島に対する野望を具体化し始めたのだった。

一九世紀後半以降に関しては、続編によって明らかにしたい。

保坂祐二（ほさか・ゆうじ）

1956 年、東京生まれ。2003 年、韓国に帰化。
東京大学工学部卒。高麗大学大学院博士課程修了。政治学博士。
現、世宗大学教養学部教授、韓国独立記念館非常勤理事、世宗大学独島総合研究所所長、「獨島と東アジア（www.dokdoandeastasia.com）」サイト運営者、など。
2013 年 2 月、韓国政府より紅條勤政勲章を授与される。

〈独島・竹島〉の日韓史

2016年7月1日　初版第1刷印刷
2016年7月7日　初版第1刷発行

著　者　保坂祐二
発行者　森下紀夫
発行所　論 創 社
東京都千代田区神田神保町 2-23　北井ビル
tel. 03（3264）5254　fax. 03（3264）5232　web. http://www.ronso.co.jp/
振替口座　00160-1-155266
装幀／永井佳乃
印刷・製本／中央精版印刷　組版／フレックスアート
ISBN978-4-8460-1552-7　